Stephan Szugat

Fühle Dich Großartig:

Es ist
Deine
Entscheidung!

**Wie Du Deine Gefühle Änderst Indem
Du Entscheidest Wie DU Dich Fühlen Willst**

Bibliografische Information der Deutschen Nationalbibliothek: Die Deutsche Nationalbibliothek verzeichnet diese Publikation in der Deutschen Nationalbibliografie; detaillierte bibliografische Daten sind im Internet über dnb.dnb.de abrufbar.

Herstellung und Verlag: BoD - Books on Demand, Norderstedt, Germany

1. Edition (Deutsch)
Print-ISBN: 9783754313466
eBook-ISBN: 9783754305782

Übersetzung aus dem Englischen:
Stephan Waba (https://www.fiverr.com/stephanwaba)

Umschlaggestaltung durch Stephan Szugat basierend auf der Illustration abstract-background-5185688 von AbdulStudio https://pixabay.com/images/id-5185688/.

Illustration des Wirbelwinds twister-303892 gefunden auf https://pixabay.com/vectors/twister-tornado-typhoon-spiral-303892/ wurde als Basis für den Gefühlsskalenwirbel, erstellt von Stephan Szugat, verwendet.

Haftungsausschluss

Inhaltsverzeichnis

Einleitung

Was dir dieses Buch geben kann

In diesem Buch geht es darum, wie und warum du selbst in den Zustand eines Hochgefühls gelangst, um dich einfach großartig zu fühlen.

Natürlich erfährst du in diesem Buch auch, wie du in dieser Hochstimmung BLEIBEN kannst, sowie die Vorteile und Nachteile, die dies für dich und andere haben kann.

Es geht nicht um positives Denken, nicht um Motivation oder Achtsamkeit. Auch nicht um Meditation oder eine Geisteshaltung. Außerdem hat dieses Buch nichts mit Esoterik oder weltfremden Ideen zu tun. Ganz und gar nicht. Es gründet sich auf meine eigenen Erfahrungen.

Und auch wenn du mich noch nicht kennst, kannst du dich darauf verlassen, dass ich diese verrückten Luftschlösser und dieses "Du kannst es auch schaffen"-Blabla nicht ausstehen kann.

Einleitung

Ich war in der Vergangenheit bei vielen Motivations-
veranstaltungen, bei denen alle herumtanzen und in die Hände
klatschen sollen, weil sie die Größten sind.

Ein paar Tage nach der Veranstaltung ist man dann wieder zurück
im "normalen Leben". Ich denke, du weißt, was ich meine. Du
wirst auf diesen Veranstaltungen super aufgeladen, aber niemand
sagt dir, wie du deine hohe Energie/die Euphorie beibehalten
kannst.

Vor allem dann, wenn das nächste schlimme Ereignis eintritt oder
sogar, wenn für eine längere Zeit gar nichts passiert. All das hat
dazu geführt, das ich immer auf der Suche nach etwas Einfachem
und Nachhaltigem war.

Wenn du dich selbst beobachtest und viele verschiedene Dinge
ausprobierst, erfährst du interessanterweise viel mehr über dich, als
andere dir sagen können. Es geht darum, wie du deine Energie
handhabst – und dadurch kannst du auch die Energie der Menschen
um dich herum positiv beeinflussen.

Wir werden uns auch mit deiner Selbstwahrnehmung
beschäftigen, was du bei Achtsamkeitsübungen (Mindfulness) und
anderen Methoden ebenfalls tun würdest. Mit den Übungen in
diesem Buch konzentrierst du dich jedoch auf deine Energie.

Oh, das habe ich bis jetzt noch nicht erwähnt: Ja, es gibt Übungen
in diesem Buch. Und es lohnt sich, diese Übungen immer wieder
durchzuführen. Keine Sorge, diese Übungen sind ganz einfach und
beanspruchen nur wenig von deiner Zeit.

Du bist vielleicht in weniger als einer Minute mit einer Übung fertig, aber du kannst dir auch viel mehr Zeit dafür nehmen, wenn du Spaß daran hast.

Daher sind die Übungen nicht zeitintensiv. Das liegt auch daran, dass ich zeitintensive Dinge nicht mag. Außerdem lassen sich die Übungen leicht in deinen Alltag integrieren. Du wirst also feststellen, dass es sich lohnt, dir deiner Gefühle und Gedanken bewusster zu werden.

Achtsamkeit ist einer von mehreren Ansätzen. Es liegt ganz bei dir, welchen Ansatz du wählst. Wähle eine Methode, die mit dir in Einklang steht. Eine, mit der du dich wohl fühlst.

Wenn du dich in Hochstimmung befindest, gehst du über das positive Denken oder eine veränderte Geisteshaltung hinaus.

Zu guter Letzt wirst du vielleicht feststellen, dass ich hier und da Dinge wiederhole. Das ist kein Versehen, das geschieht mit Absicht.

Und zwar nicht, um dieses Buch zufüllen, sondern um dich immer wieder an etwas zu erinnern. Wir lernen durch Wiederholungen. Du hast durch Wiederholung gelernt zu laufen.

Alles, was du jemals gelernt hast, geschah durch Wiederholung. Du wiederholst Dinge immer und immer wieder, bis du die Erfahrung machst "Aha, jetzt habe ich es verstanden". So ist es auch mit dem Thema dieses Buches.

Hier ist eine kurze Zusammenfassung dessen, was dieses Buch dir geben kann:

▶ Wie du in Hochstimmung kommst
▶ Wie du in Hochstimmung bleiben kannst
▶ Übungen für die oben genannten Punkte.

Was ist für Dich drin?

Wie bereits erwähnt, gibt es einfache Methoden, mit denen du dich selbst in Hochstimmung bringen kannst.

Aber am wichtigsten ist der Nutzen, der sich für dich und andere ergeben kann. Warum für andere? Und warum nicht? Das erkläre ich dir gleich.

Schauen wir zunächst, was für dich persönlich drin ist. Mit "persönlich" sind hier alle Bereiche deines Lebens gemeint. Du kannst nicht einen Bereich deines Lebens verbessern, ohne dass auch andere Bereiche daraus Nutzen ziehen.

Du wirst am Ende vielleicht mehr Klarheit darüber gewonnen haben, was in dir vorgeht. Aber das ist noch nicht alles. Du kannst auch mehr Klarheit darüber erlangen, was du von deinem Leben möchtest.

Was wiederum dazu führen kann, dass du bessere Entscheidungen triffst. Du kannst auch größere Klarheit über deine Beziehungen erhalten. Oder sogar deine Beziehungen verbessern. Und natürlich wirst du dich leistungsfähiger oder sogar stärker fühlen.

Möglicherweise kennst du einige der Konzepte, die ich in diesem Buch beschreibe. Aber es kann sein, dass der Zusammenhang, in dem ich sie dir vorstelle, neu oder anders für dich ist.

Ich hoffe jedoch, dass du Einblicke erhältst in die gegenseitigen Verbindungen, die wir alle miteinander haben, sowie in die seelisch-körperlichen Verbindungen in uns selbst.

Das bringt mich zurück zu den Vorteilen für andere. Nun, es kann durchaus sein, dass auch andere Menschen davon profitieren, wenn deine Energie immer weiter ansteigt. Woran kann das liegen? Du fühlst dich besser, deshalb kannst du liebevoller, höflicher, friedlicher handeln. Und vieles mehr.

Das bedeutet einen Gewinn für andere, da es leichter ist, mit dir auszukommen. Das heißt aber nicht, dass andere dir auf der Nase herumtanzen dürfen.

Deine Beziehungen können sich verbessern, was eine Bereicherung für jeden ist, mit dem du in einer Beziehung stehst. Und das können unheimlich viele Menschen sein.

Das klingt doch großartig. Stell dir vor, jeder ist gerne in deiner Nähe und/oder arbeitet gerne mit dir zusammen. Wir sind uns sicher einig, das dies eine schöne Vorstellung ist, aber sie wird vielleicht so nie eintreten.

Es wird immer Menschen geben, die dich vielleicht nicht mögen. Das ist in Ordnung, wir müssen nicht jeden mögen und wir müssen auch nicht jedem gefallen.

Wenn du diese Wahrheit akzeptierst, hilft das auch in deinen Beziehungen. Es ist ein unerreichbares Ziel, es allen recht machen zu wollen. Aber es mag sein, dass andere mehr Verständnis für dich aufbringen, wenn deine Energie hoch ist.

Aber das ist hier nicht gemeint. Es geht nicht darum, dass du geliebt wirst. Es geht nur darum, dir die enorme Kraft und Energie bewusst zu machen, die in dir steckt.

Du glaubst mir nicht? Probiere es selbst aus.

Wie auch immer, was ist für dich drin? Oder anders gesagt, was ist der Nutzen, den du aus diesem Buch ziehen kannst:

▶ Klarheit darüber gewinnen, was in dir vorgeht
▶ Klarheit darüber gewinnen, welche Entscheidungen zu treffen sind (bessere Entscheidungsfindung im Beruf und im Privatleben)
▶ Dich selbst besser zu fühlen (glücklicher, selbstbewusster)
▶ Beziehungen mit anderen verbessern
▶ Mehr Freiheit für dich und andere
▶ Einfache Methoden, um dein Energieniveau zu erhöhen
▶ Zu erkennen, wie viel Energie du hast, um deine Ziele zu erreichen.

Was du in diesem Buch nicht finden wirst

In diesem Buch geht es nicht um wissenschaftliche Beweise.

Deshalb werde ich auch keine Beweise liefern, indem ich irgendwelche Studien erwähne.

Das liegt daran, dass es so viele Studien gibt, die meine Sichtweise belegen und andere, die das nicht tun. Studien eignen sich also gut, um zu diskutieren und noch tiefer in das Thema einzusteigen, wenn du daran interessiert bist.

Für mich ist es jedoch wichtiger, dir zu helfen, zu erleben, worum es in diesem Buch geht. Studien würden dir helfen, rein gedanklich/intellektuell zu wissen, wovon ich spreche.

Aber deine eigene Erfahrung ist viel wichtiger. Nur deine eigene Erfahrung führt dich zu wahren Wissen, das über das intellektuelle Wissen hinausgeht.

Durch eigene Erfahrung, durch eigenes Erleben, kannst du überprüfen, ob Etwas wahr ist oder nicht. Bedenke aber, alles, was du tust, hat Konsequenzen für dich und andere. Daher geht es in diesem Buch allein um die inneren Erfahrungen.

Falls du dich für wissenschaftliche Hintergründe interessierst – über das, was ich 'Hochgefühl/Hochstimmung' nenne – suche einfach mal im Internet. Du findest dort zahlreiche interessante Studien.

Was du in diesem Buch auch nicht finden wirst, ist ein Geheimtipp oder ein Patentrezept. Das liegt daran, dass es bei den Themen, die in diesem Buch behandelt werden, keine Geheimnisse gibt.

Es gibt verschiedene Ansätze, um ein Hochgefühl zu erzeugen. Aber ein Patentrezept oder eine Abkürzung gibt es nicht.

Man muss etwas öfter machen, um Ergebnisse zu erzielen. Das bedeutet natürlich nicht, dass es schwer sein muss. Manche Dinge mögen schwer erscheinen, aber du kannst sie dennoch ausprobieren, denn die Methoden, die ich dir zeige, sind einfach.

Dennoch musst du es selbst versuchen. Du musst die in diesem Buch beschriebenen Methoden selbst anwenden. Niemand sonst kann das für dich tun.

Um zusammenzufassen, was nicht in diesem Buch steht:

▶ • Verweise auf irgendwelche wissenschaftlichen Studien
▶ • Keine Geheimtipps oder Patentrezepte
▶ • Informationen über jegliche Art von Abkürzungen.

Ein bisschen über mich

In meinem Leben habe ich eine Menge leidvoller Erfahrungen gemacht. Besonders, weil ich nicht gut genug war, weil ich nicht erfolgreich genug war, weil ich nicht das Leben hatte, das ich leben wollte. Und außerdem, weil ich wütend war, weil ich mich schämte, weil ich gekränkt war von dem, was andere über mich sagten.

Ich vermute, dass dir das bekannt vorkommt, denn viele Menschen haben ähnliche Erfahrungen im Leben gemacht.

Doch die Methoden und Techniken, die ich in diesem Buch mit dir teile, haben mir geholfen, Einsichten zu gewinnen, die mir geholfen haben, all diese Gefühle und Rückschläge zu überwinden.

Alles, was ich dir in diesem Buch erzähle, entspringt meiner eigenen Erfahrung.

Allerdings geht es in diesem Buch nicht um mich, sondern um deine Erfahrung. Das ist die wichtigste Lektion, die ich in meinem Leben gelernt habe. Nur wenn du es selbst erlebst, dann weißt du es.

Ansonsten ist es schön, dass du erfährst, was ich durchgemacht habe, aber wie hilft dir das, deine eigenen Antworten, deine eigene Energiequelle zu finden? Das hilft dir nur insofern, als ich dich dorthin führen kann, wo du sie finden kannst.

Deshalb halte ich die Geschichte über mich sehr kurz.

Ich habe mich mit Selbstverwirklichung und positivem Denken beschäftigt, seit ich etwa 17 Jahre jung war. Seitdem habe ich viele verschiedene Methoden ausprobiert und angewandt, wobei ich festgestellt habe, dass die meisten zu mühsam oder zeitaufwendig sind, um sie jeden Tag einzusetzen.

Damals sprach noch niemand darüber, wie man in Hochstimmung kommt oder bleibt. Alles drehte sich um Selbstverwirklichung – was bedeutet, sich selbst zu verändern, um ein besserer Mensch zu werden.

Es ging hauptsächlich darum, auf eine andere Art und Weise zu denken. Ehrlich gesagt, erfordert das eine Menge Energie. Die meisten der Gedanken, die wir jeden Tag haben, sind negativ. Probiere es einfach selbst aus, indem du deine Gedanken beobachtest.

Als ich anfing, war alles eher eine esoterische Bewegung. Es gab zwar schon viele Ansätze, die wissenschaftlich fundiert waren, aber extrem schwer in den Alltag zu integrieren waren.

In den letzten 19 Jahren habe ich als Unternehmensberater vor allem im Finanz- und Rechnungswesen gearbeitet, wodurch ich viele Gespräche mit Unternehmern, Geschäftsinhabern und Führungskräften führen konnte und erkannte, wie wichtig es für sie ist, über einfache und wirksame Werkzeuge zu verfügen.

Nicht, dass du auch so jemand sein musst wie sie. Nein, was für diese Menschen gilt, gilt für jeden von uns.

Niemand verbringt gerne viel Zeit damit, Dinge zu verändern. Ich auch nicht. Unbewusst war ich die ganze Zeit auf der Suche nach etwas Einfachem und leicht Umsetzbarem, das ich schnell in meinem täglichen Leben anwenden kann.

Wann immer jemand Interesse zeigte, gab ich vielleicht ein paar Tipps, was diese Person selbst tun könnte. So hatte ich immer einen Grund, meine Suche fortzusetzen.

Der Schlüssel dazu ist für mich, lösungsorientiert zu sein.

Ich habe in meinem Leben und beim Beobachten des Lebens anderer gelernt, dass es für jedes Problem eine Lösung gibt, wenn man bereit ist, danach zu suchen und sie einzusetzen.

Es kann eine Weile dauern, bis du die Lösung findest, aber sie ist da. Vielleicht nicht sofort. Suche einfach weiter, bis du sie gefunden hast.

Das dürfte genug über mich sein, bringen wir dich jetzt dazu, Hochstimmung zu erlangen. Los geht's.

Meine Geschichte in Stichpunkten:

▶ Ich habe wie alle Menschen schwere Zeiten erlebt
▶ Im Alter von 17 Jahren mit positivem Denken und anderen Ansätzen begonnen
▶ Am meisten an einfachen Ansätzen interessiert, die leicht in den Alltag zu integrieren sind
▶ Lösungsorientiert sein ist für mich wichtig
▶ Immer bereit, zu lernen.

Die unglaubliche Kraft, in Hochstimmung zu sein

Hast du dich jemals motiviert gefühlt, wenn du mit jemandem zusammen warst, der für etwas gebrannt hat? Ich schätze, dass du so etwas schon einmal erlebt hast. Zumindest einmal in deinem Leben war das bestimmt der Fall, auch wenn du dich vielleicht nicht mehr daran erinnern kannst.

Für etwas brennen bedeutet hier, dass diese Person von innen heraus glühte und völlig in das gewählte Thema oder die Aufgabe eingetaucht war. Egal, was passierte, diese Person blieb immer dran an dem Thema oder der Aufgabe, egal was auf sie zu kam.

Du hast dich vielleicht gefragt, woher diese Person all diese Kraft genommen hat. Nun, die Antwort ist ganz einfach. Sie hat all die Energie von innen genommen. Auch, wenn sie dies unbewusst tat.

Die meisten von uns sagen vielleicht „So eine große Kraft besitze ich nicht" oder „Ich könnte mich nicht so für etwas begeistern". Stimmt das? Ich nehme an, da war mindestens einmal in deinem Leben etwas, wofür du dich begeistert hast.

Aber irgendetwas hat dich auf dem Weg dorthin gestoppt, es zu erreichen oder um weiterzumachen. Darauf gehen wir in diesem Buch aber nicht ein.

Vielmehr geht es darum, dass du erkennst: Ja, es gab etwas, für das ich total gebrannt habe.

Um zum Thema zurückzukommen: Sich in Hochstimmung zu befinden, fühlt sich gut an und es bringt viele Vorteile für dich und für alle in deinem Umfeld.

Was sind die Vorteile für dich? Du fühlst dich großartig. Das allein ist schon ein großer Gewinn. Du bist friedlicher, toleranter und positiver. Außerdem erledigst du Aufgaben leichter, du bist produktiver.

Das ist aber noch nicht alles. Sich in Hochstimmung zu befinden, ist auch gut für dich, da du weniger gestresst bist und deine Gesundheit davon profitiert.

Als ob das nicht schon genug wäre, kommt dies alles auch deiner Umgebung zugute, also allen Menschen um dich herum, wenn du in Hochstimmung bist. Vielleicht sogar bis zu einem gewissen Grad jedem auf der Welt.

Ehrlich gesagt, scheinen wir Menschen noch nicht ganz verstanden zu haben, wie sehr wir auf allen Ebenen des Lebens miteinander verbunden sind. Wenn wir das verstehen würden, würden wir aufhören, uns gegenseitig zu verletzen, auch mit Worten.

Sogar die Wissenschaft ist dabei, das zu begreifen, besonders in der Quantenphysik gab es interessante neue Theorien oder Annahmen über die Energie, die uns ausmacht.

Für den Zweck dieses Buches werden wir nur auf die unglaubliche Kraft des Zustands der Hochstimmung schauen und unsere eigenen Erfahrungen erkunden, anstatt tiefer in wissenschaftliche Theorien einzutauchen.

Die Erfahrung, die du für dich selbst machst, ist viel wichtiger, als in irgendeinem Buch darüber zu lesen oder von jemand anderem darüber zu hören.

> Stell dir einfach vor, dass du die ganze Zeit glücklich, friedlich und gelassen bist und die Aufgaben, die du erledigen willst, mit Leichtigkeit schaffst. Klingt das großartig? Ich denke schon.
>
> Hast du die kleine Übung erkannt, die du gerade ausgeführt hast? Ich habe dich eingeladen, dir vorzustellen, glücklich, friedlich und gelassen zu sein.

Du kannst dir nicht vorstellen so zu sein, ohne es zu sein. Interessant, oder? Du konntest dir also nicht vorstellen, wie du dich fühlst, du fühlst es einfach.

Wie schaffst du es nun, dich immer so zu fühlen? Gemeinsam werden wir uns das ansehen und die Möglichkeiten durchleuchten. Aber zuerst müssen wir uns auch einige andere Dinge ansehen.

Zum Beispiel sollten wir einen Blick auf das Loslassen von

Gefühlen/Emotionen werfen.

Das Loslassen eines Gefühls/einer Emotion ist ähnlich wie das Loslassen eines Bleistifts, den du in der Hand hältst. Du lässt ihn einfach fallen. Mit Gefühlen ist es im Prinzip das Gleiche, jedoch kannst du deine Gefühle nicht sehen oder berühren.

Deshalb musst du dich mit einem Gefühl/einer Emotion verbinden, das du gerne loslassen möchtest und dich dann dazu entscheiden, es fallen zu lassen. Mehr brauchst du nicht zu tun. Wenn du dich ein bisschen leichter fühlst, weißt du, dass du das Gefühl/die Emotion losgelassen hast.

Wenn du ein eher bildhaft denkender Mensch bist, könntest du dir vorstellen, wie die Energie des Gefühls sich durch deine Haut verflüchtigt oder an deiner Fußsohle herausfließt.

Es gibt unterschiedlichste Ansätze, die du hier verfolgen kannst. Versuche es einfach auf die Art, mit der du dich am wohlsten fühlst.

Wie dein Energieniveau deine Entscheidungsfähigkeit beeinflusst

Jeder von uns hat schon einmal die Erfahrung gemacht, dass Entscheidungen, die man in schlechter Stimmung getroffen hat, vielleicht nicht die gewünschten Ergebnisse bringen.

Und noch schlimmer, sie könnten dir später sogar schaden. Und „später" kann sogar Jahre später bedeuten.

Umgekehrt, wenn du Entscheidungen aus einer höheren, positiveren Energie heraustriffst, sind die Ergebnisse besser und halten sogar länger an (zumindest ist das meistens der Fall).

Das habe ich schon so oft beobachtet. Nicht nur bei mir selbst, sondern auch bei anderen.

Sich aus Angst zu entscheiden bedeutet, sich auf das zu konzentrieren, was man nicht will. Klar, du entscheidest dich, dieser Angst zu entfliehen.

Zuerst sieht es so aus, als ob alles in Ordnung ist. Später passiert etwas, das vielleicht nicht einmal mit deiner vorherigen, aus Angst getroffenen Entscheidung in Verbindung zu stehen scheint.

Noch einmal: Du musst mir nicht glauben. Hinterfrage dein Leben. Hast du jemals eine Entscheidung in schlechter Stimmung getroffen? Das haben wir alle.

Wie war das Ergebnis? War es gut? Ist später etwas passiert, vielleicht Jahre später, das du diese vergangene Entscheidung bereut hast?

Das wäre für mich keine Überraschung. Ja, es wird immer Entscheidungen geben, bei denen man sich irgendwie nervös oder unsicher fühlt. Meistens ist da dieses Oh-Oh-Gefühl. Ich hoffe, du weißt, was ich meine.

Unabhängig davon ist es einfacher, jegliche Entscheidungen zu treffen, wenn du in Hochstimmung bist. Das bedeutet nicht, dass dadurch die Nervosität oder Unsicherheit verschwunden ist. Du kommst nur besser mit diesen Gefühlen klar.

Schaue dir nun Entscheidungen an, die du aus einem sehr guten Gefühl heraus getroffen hast. Woran erinnerst du dich? Vermutlich gab es da später keinen Rückschlag, auch nicht nach Jahren.

Und ich schätze, du hast dich gut gefühlt und warst dir deiner Entscheidung irgendwie sicher. Auch wenn du nicht genau sagen konntest, warum du dir so sicher warst.

Falls etwas nach hinten losgegangen war, dann war es vielleicht nicht so verhängnisvoll wie bei Entscheidungen, die du aus einem schlechten Gefühl heraus getroffen hattest.

Zumindest ist das meine eigene Erfahrung.

Und noch etwas kommt hinzu, wie dein Energielevel deine Entscheidungsfähigkeit beeinflusst. Wenn dein Energielevel niedrig ist, weil du in einer schlechten Stimmung bist, wie z. B. Angst oder Unentschlossenheit, dann gibt es so eine Art nebliges Gefühl.

Es fühlt sich an, als ob du keinen klaren Gedanken fassen könntest, obwohl du alles mitkriegst, was gerade passiert. Es kann sogar sein, dass du dich wie betäubt oder gelähmt fühlst.

Aus einem solchen Zustand heraus gute Entscheidungen zu treffen, ist schwer. Vielleicht sogar unmöglich.

Mit den Methoden, die ich dir in diesem Buch zeige, hast du die

Chance, dich aus einer solchen Stimmung herauszuziehen und deine Entscheidung von einer besseren Position aus zu treffen.

Du musst nicht warten, bis du dich gut fühlst, um Entscheidungen zu treffen. Du kannst deine Stimmung aktiv umkehren. Um deine Stimmung umzukrempeln, braucht es Mut, Bereitschaft und Entschlossenheit. Das geschieht nicht von alleine. Du musst dich entscheiden und zu deiner Entscheidung stehen.

Das ist eigentlich ganz einfach und doch manchmal doch gar nicht so leicht. Das wissen wir beide.

Hier nun also die wichtigsten Gründe, warum dein Energielevel deine Entscheidungsfähigkeit beeinflusst:

▶ Entscheidungen, die du aus einer schlechten Stimmung heraus triffst, können noch Jahre später auf dich zurückfallen
▶ In einer schlechten Stimmung fühlst du dich vielleicht benebelt, betäubt oder gelähmt, was keine guten Umstände sind, um Entscheidungen zu treffen
▶ Bessere Entscheidungen lassen sich aus einem höheren Energieniveau heraus treffen
▶ Du fühlst dich einfach großartig, wenn deine Energie hoch ist
▶ Du bist im „Fluss", wenn deine Energie hoch ist. Das bedeutet, dass die Dinge einfach leichter laufen – und selbst wenn die Dinge nicht leicht zu laufen scheinen, fühlst du dich trotzdem relativ gelassen und kannst die Umstände akzeptieren, wie sie sind.

Wie deine Gefühle dein Energieniveau beeinflussen

Deine Gefühle stehen in direkter Verbindung zu deinem Energieniveau. Wenn du dich niedergeschlagen fühlst, hast du keine Lust, etwas zu tun. Wenn du begeistert bist, bist du zu allem entschlossen.

Du hast es wahrscheinlich selbst schon erlebt. Wenn du dich niedergeschlagen fühlst, ist es schwer, in Gang zu kommen und etwas voran zu bringen. Wenn du dich großartig fühlst, fließt alles einfach mit Leichtigkeit.

Doch eine miese Stimmung, eine Depression oder ein negatives Gefühl müssen sich nicht zwangsläufig auf dein Energieniveau auswirken. Denn wir können der Ursache für die schlechte Laune oder das negative Gefühl auf den Grund gehen.

Meistens stellst du fest, dass das ein Gefühl ist, das vielleicht gar nichts mit dem jetzigen Moment zu tun hat. Aus dieser Erkenntnis besitzt du die Macht, alles zu überschreiben, was der Verstand als Gefühl hervorbringt.

Deine Macht, den Verstand zu überschreiben, liegt in deiner Entscheidung. Du kannst dich dafür entscheiden, den negativen Gedanken und Gefühlen zu folgen oder du kannst dich dafür entscheiden, sie loszulassen und positiv zu denken/zu fühlen, egal was passiert.

Ja, das mag nicht immer leicht sein. Aber es ist dennoch sehr einfach. Du entscheidest dich und du bleibst bei deiner Entscheidung. Wenn du einen Baum pflanzt, gräbst du ihn auch nicht nach einer Stunde wieder aus, nur weil du keinen Fortschritt siehst.

Wenn du dich entscheidest, positiv zu sein und weitere negative Gefühle auftauchen, kannst du dich erneut dazu entscheiden, positiv zu sein und zu denken. Und du kannst das immer wieder tun. Bis du dich zunehmend positiver fühlst.

Du bist nicht der Sklave deiner Gefühle. Du bist der Herr deiner Gedanken und Gefühle! Du ermöglichst es dir, deine Gedanken und Gefühle zu durchleben oder sie loszulassen und positiv zu sein.

Wie man Gefühle loslässt, kennst du aus deiner Kindheit. Du hast vielleicht vergessen, wie du das bewusst tust.

Lies weiter, wir werden uns später auch mit dem Loslassen deiner Gefühle beschäftigen.

Es geht nicht darum, deine Gefühle zu unterdrücken, indem du positiv denkst oder sie überschreibst, es geht mehr darum, sie anzunehmen und dich dafür zu entscheiden, etwas anderes zu fühlen.

Deine Gefühle anzunehmen, ist vielleicht besonders schwer, wenn du dich wirklich schlecht fühlst. Aber es ist immer noch deine Entscheidung, dich niedergeschlagen zu fühlen. Du hast dich also vielleicht noch nicht eindeutig dazu entschieden, deine Gefühle anzunehmen und loszulassen.

> Machen wir ein kleines Experiment, damit du besser verstehst, was ich meine. Denke an etwas, das dich so richtig runterzieht. Was empfindest du? Fühlt sich nicht gut an, oder?
>
> Denke nun an etwas Schönes, das dich erhebt. Fühlt sich das besser an? Wer hat entschieden, worauf du dich konzentrierst? Du warst es, oder? Ich habe dir gerade wieder eine Übung vorgeschlagen, aber du hast dich dafür entschieden, sie auszuprobieren.

Hattest du das Bedürfnis, die schlechten Gefühle zu unterdrücken? Hoffentlich nicht und du hast dich einfach dazu entschieden, deinen Blickwinkel zu ändern und dich besser zu fühlen. Ist das nicht einfach?

Es braucht jedoch Übung und Ausdauer, um diese Entscheidungen immer wiederzutreffen. Es braucht deine Anstrengung und Bereitschaft weiterzumachen, egal was um dich herum passiert.

Es ist deine Entscheidung und du kannst dich nur für eine Seite der Medaille entscheiden. Das heißt, sich entweder negativ zu denken und schlecht zu fühlen oder positiv zu denken und sich gut zu fühlen.

Du kannst dich nicht gut und schlecht zur gleichen Zeit fühlen. Gut, das ist nicht immer richtig. Manchmal fühlen wir uns gut und schlecht zur gleichen Zeit. Ich nenne das gemischte Gefühle.

Es kann sein, dass du wegen etwas Neuem aufgeregt bist und

gleichzeitig fühlst du dich auch nervös oder ängstlich. Wenn du dir der Nervosität oder Angst bewusst wirst, kannst du etwas dagegen tun. Du lässt sie los und konzentrierst dich auf das gute Gefühl.

Jetzt schauen wir uns an, wie sich deine Gefühle auf dein Energieniveau auswirken.

Hier ist ein weiteres Beispiel, wenn du morgens aus dem Bett kommst und dich niedergeschlagen fühlst. Wie wird dein Tag dann verlaufen?

Ich schätze, er wird nicht so gut verlaufen, wie es möglich wäre. Wir beide wissen, wie sich solche Tage anfühlen. Man findet so vieles, das man an sich selbst hassen könnte.

Der Strom an Selbsthass und Unzufriedenheit scheint endlos zu sein. Und obendrein fangen wir auch noch an, anderen Unrecht zu tun.

Sieh dir einfach an, wie produktiv du an diesen Tagen bist? Ist dein Energieniveau hoch oder niedrig? Wahrscheinlich ist es niedrig. Und du erkennst keine Möglichkeit, das zu ändern.

Doch das sind alles nur Gefühle und irgendwelche Geschichten in deinem Kopf denen du zu hörst. Du hörst auf sie und erweckst sie damit zum Leben.

Wenn du damit aufhörst, stellst du vielleicht schon fest, wie du dich besser fühlst. Wenn du anfängst, dir selbst positive Energie zu schenken, wirst du dich viel leichter und noch besser fühlen.

Vielleicht hast du auch die Erfahrung gemacht, dass dein Tag wie oben beschrieben begonnen hat, aber im Laufe des Tages ist etwas passiert und deine Stimmung hat sich verändert.

Von diesem Moment an hat sich dein Tag positiv entwickelt. Hast du jemals hinterfragt, was dich dazu gebracht hat, deine Stimmung zu verändern?

Ob du das getan hast oder nicht, spielt jetzt keine Rolle. Du kannst es jetzt sofort versuchen. Erinnere dich einfach an einen solchen Tag. Suche nach dem Moment, in dem sich deine Stimmung verändert hat.

Was erkennst du? Ist etwas passiert, das dich dazu gebracht hat, deine Entscheidung, wie du dich fühlst, zu ändern? Vermutlich war das der Fall.

Ein weiteres Beispiel dafür, wie deine Gefühle dein Energieniveau beeinflussen: Stell dir vor, du hörst deine Lieblingsmusik. Wie fühlst du dich? Fühlst du den Schwung deiner Musik?

Sehr gut. Würdest du jetzt sagen, dass du dich besser fühlst als vorher, nur weil du deine Lieblingsmusik hörst? Hoffentlich ist deine Lieblingsmusik voll von positiven Schwingungen.

Falls deine Lieblingsmusik dazu neigt, melancholisch zu sein, na ja, dann wird dich das nicht unbedingt in Hochstimmung versetzen. Sie wird dich eher weiter nach unten ziehen.

Was nicht heißt, dass es schlecht ist, solche Musik zu hören. Manchmal mag ich solche Musik auch. Aber wenn du in einen hohen Gang schalten willst, solltest du etwas Positives und Schwungvolles hören.

Ich, zum Beispiel, höre gerne irgendeine Art von Pop Rock, Soft Rock, oder andere Musik mit einem hohen Tempo. Sofort fühle ich mich viel besser.

Allerdings solltest du mittlerweile ein klares Verständnis dafür entwickelt haben, wie deine Gefühle dein Energieniveau beeinflussen.

Das bedeutet nicht, dass deine Gefühle schlecht sind oder gar ein Problem darstellen. Es sind nur Gefühle und du bist dafür verantwortlich, zu entscheiden, ob du ihnen folgen möchtest oder etwas anderes tust.

Noch ein Beispiel für die Wirkung von Gefühlen: Gab es jemals eine Situation, in der dich ein anderer Mensch verärgert hat? Wenn nicht, dann hast du großes Glück, ich hoffe, du weißt das.

Aber die meisten von uns haben das schon erlebt. Wie hat sich dein Tag nach einem solchen Vorfall entwickelt, bei dem du viel Wut empfunden hast? Warst du produktiv?

Das kommt darauf an, oder? Vielleicht konntest du deine Wut in deine Arbeit kanalisieren und sie so loswerden. Ansonsten wäre der Tag wohl nicht so schön gewesen, schätze ich.

Wie auch immer, da hast du es wieder einmal. Du selbst bist nicht die Wut. Du kannst der Wut folgen oder du entscheidest dich, die Situation loszulassen und weiterzumachen.

Als Kind hast du das oft getan, ohne dich daran zu erinnern.

Schauen wir uns nun genauer an, woher diese Gefühle – die dein Energieniveau beeinflussen – eigentlich herkommen.

Unten findest du ein Bild, das verdeutlicht, wie Gefühle dein Energieniveau und dein Leben beeinflussen.

Auch hier geht es nicht darum, etwas als schlecht darzustellen. Wir sprechen hier über die menschliche Konditionierung. Aus meiner Sicht ist es relativ einfach.

Dennoch ist es nicht einfach, von einem Moment auf den anderen aus dem Kreislauf der menschlichen Konditionierung auszubrechen. Aber es ist vielleicht möglich, wenn wir ein besseres Verständnis dafür bekommen, wie Gefühle und Gedanken funktionieren.

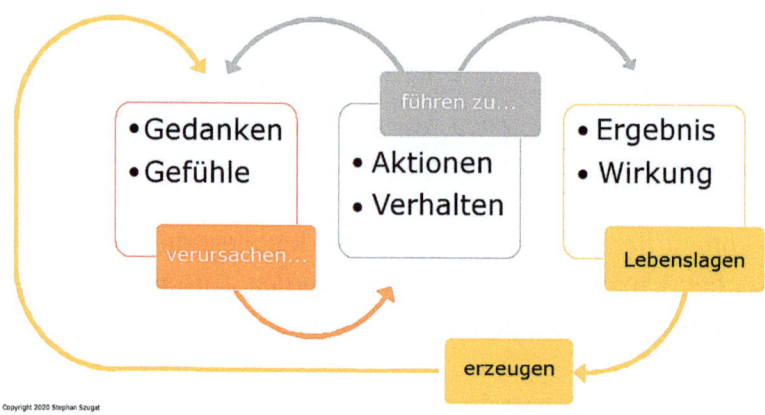

Schau die einen Augenblick das Bild an. Du siehst „Gedanken & Gefühle", die zu „Aktionen & Verhalten" führen, welche wiederum zu „Gedanken & Gefühlen" sowie „Ergebnis & Wirkung" führen.

„Ergebnis & Wirkung" sind die Lebenslagen, die aus „Aktionen & Verhalten" entstehen, die du ausgeführt hast.

Dann lösen die Umstände/Lebenslagen weitere „Gedanken & Gefühle" aus und der Kreislauf beginnt von vorne.

Dieser Kreislauf läuft rund um die Uhr. Sogar während du schläfst. In diesem Buch nutzen wir „Gefühle", um dich in Hochstimmung zu versetzen. Warum ist das so? Nun, wie du oben sehen konntest, sind deine Gefühle eine Art Grundursache für das, was du tust und was die Ergebnisse deines Handelns sein könnten.

Deine Gefühle haben den größten Einfluss. Gefühle haben sogar einen stärkeren Einfluss als deine Gedanken. Deshalb benötigst du eine Menge positiver Gedanken, um Dinge zu verändern, aber viel weniger positive Gefühle, um dasselbe zu erreichen.

Du brauchst mir nicht zu glauben. Probiere es einfach selbst aus. Ist das Gefühl der Angst stärker, oder der Gedanke an die Angst? DENKST du einfach nur an „Angst", oder FÜHLST du sie auch? Manchmal kann das Gefühl der Angst dazu führen, dass wir uns fühlen, als würden wir im nächsten Moment sterben – unabhängig von unseren rationalen Gedanken.

Auch das ist ein Beweis für dich selbst, dass deine Gefühle mächtiger sind als deine Gedanken.

Übrigens, Gedanken und Gefühle spielen zusammen. Sie treten normalerweise nicht getrennt voneinander auf. Ein Gedanke ist so etwas wie ein Begriff oder eine Idee von etwas. Abhängig von dem Begriff oder der Idee empfinden wir unterschiedliche Gefühle.

Es kann Gedanken geben, die uns ein gutes Gefühl vermitteln, während andere Ideen oder Vorstellungen über unser Leben uns ein schlechtes Gefühl bescheren können.

Der Verstand verarbeitet Bilder, er kann keine Worte verstehen. Hier ist ein Versuch, das zu überprüfen: Denke an ein Pferd. War dein Gedanke P f e r d oder hattest du ein Bild von einem Pferd im Kopf? Ich nehme an, es war letzteres.

Genug des Ausflugs in die Gedankenwelt. Kommen wir wieder zum Thema zurück. Jetzt kannst du wahrscheinlich besser verstehen, warum positive Musik einen Einfluss auf deine Gefühle und damit auf dein Energieniveau hat.

Durch das höhere Energieniveau, in das du kommst, ist es wahrscheinlicher, dass du die richtigen Handlungen ausführst und somit Ergebnisse erzielst, die dir gefallen.

Viele der Gedanken und Gefühle, die wir haben, sind unterbewusst, was bedeutet, dass du dir nicht immer bewusst bist, warum du auf eine bestimmte Weise handelst. Wenn du ein unbewusstes Verhalten bemerkst, halte einfach für einen Moment inne.

Wenn du sogar mitten in einem solchen Automatismus innehältst, bist du auf dem besten Weg, ihn zu ändern. Aber das ist nicht unser Thema.

Zusammengefasst beeinflussen deine Gefühle dein Energieniveau wie folgt:

▶ Sich negativ zu fühlen ist gleichbedeutend mit einem niedrigen Energieniveau.
▶ Sich positiv zu fühlen ist gleichbedeutend mit einem hohen Energieniveau.
▶ Gefühle sind mächtiger als Gedanken.
▶ Gedanken und Gefühle treten oft gemeinsam auf.
▶ Es gibt viele Möglichkeiten, dich aus einer schlechten Stimmung herauszuholen.
▶ Es ist deine Entscheidung, in einer schlechten Stimmung zu verweilen (in jedem Moment kannst du dies ändern).
▶ Du bist verantwortlich dafür, wie du dich fühlst.

Dein Energieniveau und deine Produktivität

Wenn deine Energie im Keller ist, bist du viel langsamer als du sein könntest. Dein Denken kann verlangsamt sein, deine Reaktionen können träger sein. Und es dauert länger, um Dinge zu erledigen. Sogar die einfachsten Dinge.

Mit niedriger Energie bemerkst du vielleicht, dass es länger dauert, Dinge zu verstehen. Sogar einem Gespräch zu folgen, könnte mehr Energie benötigen.

Die unglaubliche Kraft, in Hochstimmung zu sein

Du kannst so etwas beobachten, wenn du dich daran erinnerst, wenn du Kopfschmerzen hattest. Du erkennst vielleicht, dass sich alles in die Länge gezogen hatte.

Während du Kopfschmerzen hast, ist auch dein Arbeitsablauf langsamer. Das ist anders, als wenn du das Gefühl hast, alles im Griff zu haben.

Dann kann dein Arbeitsablauf reibungslos verlaufen und alles geht dir leicht von der Hand.

Hattest du schon einmal einen solchen Tag, an dem alles in einem harmonischen Fluss war und alle Aufgaben von dir wie von Zauberhand erledigt wurden? Vielleicht hast du dich am Ende des Tages gefragt: „Wie habe ich das geschafft? So viel an einem einzigen Tag zu erreichen."

Nun, so fühlt es sich an, sich im Fluss eines Hochgefühls zu befinden.

Du kannst diese Art von „Fluss" immer wieder für dich selbst hervorrufen. Du kannst ihn jedoch nicht erzwingen. Dann passiert es nämlich nicht.

Woher ich das weiß? Nun, ich habe schon so oft versucht, diesen Fluss zu erzwingen. Aber wenn ich es nicht erzwinge, funktioniert es am besten.

Keine Sorge, ich werde dir genau sagen, was ich mache. Es ist wirklich einfach, ich bin mir sicher, dass du es auch schaffen kannst.

Es braucht nur deine Entscheidung und Entschlossenheit. Aber es braucht keine Willenskraft.

Es braucht auch keine extreme Denkanstrengung. Das ist sogar eher hinderlich.

Eine Umgebung ohne Ablenkungen kann helfen, ist aber auch nicht nötig. Wenn du völlig in etwas eintauchst, ist es egal, was um dich herum passiert.

Hier noch ein paar Punkte zu deiner Energie und Produktivität:

▶ Wenn du dich schlecht fühlst, nimmt jede Aufgabe mehr Zeit in Anspruch.
▶ Wenn du dich gut fühlst, ist jede Aufgabe viel schneller erledigt.
▶ Wenn du dich im Zustand eines Hochgefühls befindest, kannst du schneller reagieren (körperlich und geistig).
▶ Harmonischerer Arbeitsablauf mit höherem Energieniveau

Warum Hochstimmung unwiderstehlich ist

Hochstimmung ist ansteckend. Du glaubst mir nicht? Hier kommt der Beweis.

Hast du dich schon einmal in einer Gruppe von Menschen befunden, als jemand aus tiefstem Inneren zu lachen begann und alle anderen ebenfalls zu lachen begannen? Ja? Das war ansteckende Hochstimmung.

Die unglaubliche Kraft, in Hochstimmung zu sein

Wirkliche Freude bedeutet Hochstimmung. Wenn deine Antwort nein war, dann wollen wir mal sehen, was wir tun können.

Vielleicht gab es ein Erlebnis, bei dem eine Person so begeistert von etwas war, dass ihre Energie auch dich hochgezogen hat. Oder du warst einfach nur erstaunt, wie viel Energie dieser Mensch haben kann.

All das ist Hochstimmung. Willst du nicht wissen, warum manche Menschen so viel Energie zu haben scheinen und andere nicht?

Wenn nicht, warum hast du dann dieses Buch gekauft? Im Ernst, du musst einen guten Grund gehabt haben, dieses Buch zu kaufen. Wenn ja, dann ist das klasse. Gehen wir trotzdem der Sache nach. Und zwar betrachten wir dieses Thema wieder, indem wir auf uns selbst schauen.

Ja, warum nicht? Vielleicht sagst du: „Oh nein, ich verfüge nicht über so viel Energie wie andere". Tatsächlich? Wie kannst du das wissen? Hast du jemals versucht, so viel Energie zu haben wie andere die vor Energie strotzen?

Erinnerst du dich, was ich über das Wissen gesagt habe? Wissen durch Erfahrung ist das wahre Wissen. Deshalb sollten wir herausfinden, wie und wo wir all diese Hochstimmung finden können. Hier kommt eine Übung dazu:

Hochstimmung erzeugen

Stell dir vor, du tust etwas, das du wirklich liebst. Es muss,

---

etwas sein, das dir ein Lächeln ins Gesicht zaubert, auch wenn du nur daran denkst. Fällt dir etwas ein? Prima! Lasse nun diese Energie in dir aufsteigen, die dich zum Lächeln bringt

Hast du das Gefühl, dass du diese Sache jetzt gerne tun würdest? Wenn ja, dann ist das die Energie, die diese Menschen die ganze Zeit haben.

Wenn du nichts fühlst, dann kann es sein, dass das Thema, an das du gedacht hast, in diesem Moment nicht so interessant für dich ist. Suche nach etwas, das wirklich, wirklich eine gute Stimmung in dir hervorruft.

Wenn du dir etwas ausgesucht hast, das du liebst und trotzdem nicht spürst, dass die Energie zunimmt, könnte es sein, dass du Widerstand oder Angst hast, dich auf dieses Thema einzulassen.

Nimm den Widerstand oder die Angst so an, wie sie ist. Erlaube ihr, das zu sein, was sie ist: Energie. Lasse dich darauf ein. Dann versuche es erneut und lass die positive Energie in dir aufsteigen.

Schaue genau nach, wo hast du die Energie gefunden, die dich zum Lächeln gebracht hat und dazu, das zu tun, was du dir vorgestellt hast? In dir selbst, oder? Selbstverständlich, das ist der einzige Ort, wo sie sein kann.

Wie hast du sie aktiviert? Indem du einfach an etwas denkst, das du wirklich liebst.

Das könnte ein Anhaltspunkt sein. Du hast etwas ausgewählt, das du liebst. Liebe ist eine sehr hohe Energie, wenn nicht sogar die höchste im Universum.

Andererseits, wonach suchen wir alle? Richtig, nach Liebe. Die ganze Zeit sind wir auf der Suche nach Liebe. Wir könnten sogar sagen, dass alles, was wir tun, nur deshalb geschieht, weil wir auf der Suche nach Liebe sind.

Klingt verrückt? Nicht unbedingt, denn das ist ganz natürlich. Schau einfach in dich hinein, dort kannst du die Antwort finden. Stimmt doch? Liebe befindet sich nicht in deinem Verstand. Sie ist in „Dir".

Es spielt keine Rolle, wie du „in dir" definierst. Aus meiner Erfahrung und Sichtweise kann man „in dir" nicht beschreiben. Das wahre „Dir", dein Sein, kann nicht in Wort gefasst werden. Du kannst dein „Sein" nur erleben.

Es gibt keine Möglichkeit, etwas zu beschreiben, für das es kein Wort in unseren Sprachen gibt.

Und du kannst Liebe nicht denken. Du kannst Liebe nur erfahren, erleben, spüren.

Etwas oder jemanden von ganzem Herzen zu lieben, ist eine sehr beglückende Erfahrung. Du fühlst dich nie erschöpft, wenn du liebst.

Hast du eine Idee, warum Hochstimmung unwiderstehlich ist? Ja?

Nein? Ich verrate es dir, obwohl du es zumindest theoretisch schon weißt.

Es liegt daran, dass du Liebe spürst. Ja, so einfach ist das. Selbst wenn die Person, die du als in Hochstimmung befindlich wahrnimmst, nicht einmal weiß, dass sie eine bestimmte Sache, ein Thema oder eine Person liebt.

Wenn du ein erfüllendes Ziel verfolgst, dann kannst du nicht aufhören, weiterzumachen. Es ist nicht so, dass du dich dazu drängst, voranzukommen oder dich zwingst, weiterzumachen.

Du tust es einfach, weil du es liebst.

Das ist eine andere Art von Energie, als wenn du nur etwas tust, um weiter zukommen. Du musst aber nicht gleich deinen Job kündigen oder alles, was du gelernt hast, über Bord werfen.

Nein, du dringst in diese Liebe in dir immer tiefer hinein. Du liebst möglicherweise dann sogar die Aufgaben, die du normalerweise nicht gerne machst.

Warum eigentlich nicht? Es fällt dir viel leichter, wenn du Dinge, die du nicht magst, mit einem Lächeln im Gesicht erledigst.

Je höher deine Energie wird, desto einfacher werden die Dinge für dich zu bewältigen sein. Immerhin fühlst du dich großartig und andere erkennen das.

Und vielleicht sind sie dann viel eher bereit, dich in deinen

Bestrebungen zu unterstützen. Jeder ist gern in der Nähe von positiven und liebevollen Menschen, die uns motivieren und inspirieren.

Okay, jetzt sagst du vielleicht: „Das bin nicht ich. Ich bin nicht diese Art von Mensch." Schon wieder? Echt jetzt? Nun, du musst nicht im Mittelpunkt des öffentlichen Interesse stehen, um die unwiderstehliche Wirkung von Hochstimmung zu erleben.

Du kannst sie genau dort erfahren, wo du bist. Probiere es für dich selbst aus. Nutze die in diesem Buch beschriebenen Methoden und Übungen jeden Tag.

Wann immer du dich daran erinnerst, schenkst du dir selbst mehr Energie, mehr Liebe.

Auch wenn es mal schlimmer wird, machst du weiter und gibst dir mehr Liebe. Es ist deine Entscheidung.

Warum könnten sich Dinge verschlechtern? Hast du jemals einen Besen benutzt, um einen verstaubten Raum zu reinigen? Erinnere dich, was passiert. Du fängst an zu fegen und schon hast du eine riesige Staubwolke.

Erstaunlicherweise hat sich der Staub, nachdem du fertig bist, gelegt und der Raum ist viel sauberer. Aber du musstest durch die schmutzige Phase gehen und weiter fegen, bis der Raum sauber war.

Auf der anderen Seite kann dir auch passieren, dass es nicht schlimmer wird. Dann kannst du dich glücklich schätzen.

Die Arbeit, die du innerlich leistest, indem du dir mehr und mehr höhere Energie schenkst, verändert die Vorgänge in dir und auch in deinem äußeren Umfeld. Das ist unausweichlich. Aber du musst weitermachen.

Zurück zur unwiderstehlichen Hochstimmung.

Wie bereits beschrieben, ist Hochstimmung unwiderstehlich, da du dich gut fühlst, wenn du sie in dir hast und wenn jemand um dich herum sie hat.

Energie ist ansteckend, egal ob sie positiver oder negativer Natur ist. Möchtest du das noch einmal überprüfen? Glaube nicht, was ich dir sage, sondern überprüfe es selbst.

Also, erinnere dich an eine Situation in deinem Leben, in der du mit einer negativen Person zusammen warst. Vielleicht hat die Person zu dir gesagt, dass alles bergab geht oder etwas Ähnliches.

Hast du gespürt, wie deine Energie immer mehr ins Negative ging? Wenn wir nicht auf unser eigenes Energieniveau achten, ist es leicht für andere, uns entweder nach oben zu ziehen oder uns nach unten zu drücken.

Aber möchtest du ein Jo-Jo deiner Umwelt sein? Wohl eher nicht. Und das musst du auch nicht sein. Den kleinen Test, den du gerade bei der negativen Energie durchgeführt hast, könntest du auch mit positiver Energie machen.

> Erinnere dich einfach an eine Situation, in der du dich mit jemandem unterhalten hast, wo du dich von Minute zu Minute immer besser gefühlt hast.
>
> Das hat sich gut angefühlt, oder?

Nun könntest du sagen, dass du dir nicht aussuchen kannst, mit wem du die ganze Zeit zusammen bist. Das mag sein. Aber du kannst dir aussuchen, wie du dich die ganze Zeit fühlst.

Warum? Weil du dich entscheidest, der Energie der anderen Menschen zu folgen oder die Energie, für die du dich entscheidest, zu fühlen.

Wenn du dich entscheidest, positiv, liebevoll und in Hochstimmung zu bleiben, auch wenn andere negativ reden und handeln, was denkst du, wird passieren?

Vielleicht nichts, vielleicht gehen die anderen weg, da sie dich nicht herunterziehen konnten, oder noch besser, sie wechseln ebenfalls zu positiver Energie.

Eigentlich ist es nicht die Hochstimmung, die ansteckend ist, sondern jede Energie ist ansteckend. Aber das hatte ich ja bereits erwähnt.

Du hast gerade herausgefunden, dass dies der Fall ist, indem du den kleinen Test gemacht hast, den ich oben beschrieben habe.

Hoffentlich hast du diesen kleinen Test durchgeführt.

Fühle Dich Großartig: Es Ist Deine Entscheidung!

Ich konnte das ja nicht für dich tun.

Da du jetzt weißt, dass jede Energie ansteckend ist, wärst du dann eher bereit, dich auf deine eigene Energie zu konzentrieren und sie positiv und hochzuhalten? Ja? Das ist großartig.

Es mag nicht leicht sein, doch es ist einfach.

Erinnere dich daran, was wir vorhin über Selbstwahrnehmung gesagt haben. Sie hilft dir, deine Gefühle und das, was um dich herum passiert, zu erkennen.

Von dort aus entscheidest du wieder, wie du dich gerne fühlen möchtest. Konzentriere dich weiterhin auf das Gefühl, das du gerne fühlen möchtest.

> Du kannst dich auch fragen: „Könnte ich mich noch besser fühlen?" Du kannst mit „Ja" antworten oder auch gar nicht. Finde heraus, was mehr Einfluss darauf hat, wie du dich fühlst, die Beantwortung oder Nichtbeantwortung der Frage.
>
> Steigere weiter deine Energie.
>
> Nutze außerdem deine Selbstwahrnehmung, um zu beobachten, was um dich herum passiert, wenn du deine Energie weiter erhöhst.
>
> Vielleicht kommst du auch an einen Punkt und fragst du dich: „Könnte ich noch mehr lieben?". Ich kenne die Antwort darauf. Finde es für dich selbst heraus.

Mit diesem kleinen Experiment, hast du überprüft, wie ansteckend Energie sein kann. Du hast vielleicht auch gehört, dass es empfohlen wird, dass du dich mit positiven Menschen umgeben solltest.

Das ist eine gute Idee, aber es ist vielleicht nicht immer möglich. Du brauchst die anderen positiven Menschen nicht, um dich besser zu fühlen. Es hängt von deiner eigenen Entscheidung ab, dich besser zu fühlen.

Ja, es hilft dir, unter positiven Menschen zu sein, um leichter aus einer schlechten Stimmung herauszukommen. Es ist jedoch nicht so, dass du es nicht selbst tun könntest.

Wir Menschen neigen dazu, zu glauben, dass jemand oder etwas uns dazu gebracht hat, gefühlsmäßige Reaktionen zu zeigen. Und wir neigen auch dazu zu glauben, dass wir andere brauchen, um von diesen gefühlsmäßigen Reaktionen wieder loszukommen.

Das kann wahr sein oder auch nicht. Du musst das für dich selbst herausfinden, indem du einen Blick in dein Inneres wirfst, um zu sehen, ob du die Ursache für deine Erfahrung gewesen sein könntest.

Der Gefühlsskalenwirbel

Werfen wir doch mal einen genaueren Blick auf unsere Gefühle. Es gibt viele verschiedene Theorien über Gefühle in der Welt. Manche sagen, es gibt sieben grundlegende Gefühlszustände, andere sagen sogar, es gibt mehr als dreißig grundlegende Gefühle.

Da sich die Wissenschaft darüber noch nicht ganz einig ist, können wir uns dann sicher sein? Das können wir nicht, aber wir können einen sehr einfachen Ansatz wählen, der für uns und die Veranschaulichung hier ausreicht.

Mit einem positiven Gefühl geht deine Energie nach oben, mit einem negativen nach unten.

Die Illustration auf der nächsten Seite zeigt zwei Wirbel. Eine Spirale geht nach oben und eine Spirale nach unten. Dies sind die Richtungen deiner Gefühle, aufwärts oder abwärts.

Ein Wirbelsturm, ist ein ausgezeichnetes Bild für unsere Gefühle, da sie nach außen hin stark sind, aber in der Mitte des Wirbels herrscht Stille.

Wenn du deine Gefühle näher betrachtest, findest du heraus, dass sogar hinter starken Gefühlen Stille herrscht. Und sogar zwischen den starken Gefühlen ist es still.

Ich habe den positiven Wirbel „Liebe" und den negativen „Hass" genannt. Das soll verdeutlichen, dass du nicht beides gleichzeitig sein kannst.

Liebe ist aus meiner Sicht keine Emotion. Liebe ist einfach da. Die Liebe, die ich hier meine, ist bedingungslos. Alles andere ist keine Liebe.

Bedingungslose Liebe bedeutet zu lieben, ohne etwas für die Liebe, die du gibst, zurück haben zu wollen. Ja, das ist extrem, aber das ist es, was bedingungslose Liebe bedeutet.

Werfen wir nun einen Blick auf den Gefühlsskalenwirbel.

Liebe

Frieden
Freude Akzeptanz
Zufriedenheit
Vertrauen
Schönheit Genießen
Empathie Umarmung
Gelassenheit
Mut Entschlossenheit

Ekel/Stolz Neid
Verachtung Schuldgefühle
Wut/Hass
Sehnsucht Verlangen Scham
Verwirrung Traurigkeit
Angst Sorge
Kummer
Teilnahmslosigkeit

Hass

Bitte erachte die Liste der Gefühle nicht als vollständig, ich erwähne nur ein paar Gefühle, um dir eine Vorstellung zu geben.

Die negativen, wie auch die positiven Gefühle, befinden sich auf einer Art Skala. Ekel/Stolz besitzt eine viel höhere Energie als Teilnahmslosigkeit.

Frieden und Akzeptanz hingegen haben viel mehr Energie als Mut und Entschlossenheit.

Du kannst jedes Gefühl selbst untersuchen und es auf der Skala einordnen. Fühle einfach in das Gefühl hinein und du weißt, wo es auf der Skala hingehört.

Wenn du einen wissenschaftlichen Hintergrund brauchst, suche im Internet.

Aber lass dich nicht verwirren von all den Informationen, die du vielleicht findest.

Jetzt verfügst du auch über ein wenig mehr Hintergrundwissen über deine Gefühle.

Vielleicht hat dir die obige Illustration geholfen, besser zu verstehen, warum Hochstimmung unwiderstehlich ist.

Meinst du nicht, dass es an der Zeit ist, alles noch einmal zusammenzufassen? Ja, das denke ich auch.

Also los geht's:

- ▶ Hochstimmung ist unwiderstehlich, da sie ansteckend ist.
- ▶ Wir alle mögen es, uns gut zu fühlen, deshalb ist Hochstimmung unwiderstehlich.
- ▶ Jede Energie ist ansteckend, egal ob positiv oder negativ.
- ▶ Du bist der Einzige, der entscheidet, wie du dich fühlst.
- ▶ Du kannst dich in einem positiven Hochgefühl befinden, auch wenn sich negative Menschen um dich herum befinden.
- ▶ Es gibt keinen Grund, ein Jo-Jo für die Energie anderer zu sein, du entscheidest über deine Energie.
- ▶ Es ist einfach, dein Energieniveau zu erhöhen, denn es hängt nur von deiner Entscheidung ab.

Alles ist Energie

Ich muss dich warnen: Wie du vielleicht schon bemerkt hast, vereinfache ich Dinge, um sie leichter verständlich zu machen. Wo immer es möglich ist, mache ich dich darauf aufmerksam, dass die Dinge komplexer sein könnten, als sie sich anhören.

Doch wenn wir das Leben wirklich genau betrachten, ist es eigentlich sehr einfach. Und doch sieht es sehr kompliziert aus, wenn man all die verschiedenen Teile und ihre Zusammenhänge sieht.

Wenn du irgendeinen einzelnen Punkt des Lebens aufgreifst, findest du heraus, dass es in Wirklichkeit sehr einfach ist, wenn du nur tief genug bohrst.

In der Tat besteht alles aus Energie, wenn du tief genug hineingehst. Eine der kleinsten Formen, die wir kennen, ist das Atom. Vielleicht nicht, wenn du noch tiefer gehst.

Wie auch immer, ein Atom hat einen Kern und einen Teil, der sich um den Kern dreht.

Zwischen diesen beiden Teilen ist eine Menge Platz oder nichts.

Das ist ziemlich interessant. Gut, ich habe es sehr einfach beschrieben, aber das habe ich dir ja gesagt.

Die Wissenschaft hat schon vor Jahrzehnten entdeckt, dass sich Atome oder Teilchen in einem Experiment anders verhalten, wenn ein Beobachter anwesend ist oder nicht.

Daraus konnten wir schließen, dass Energie auf Energie einwirkt. Und da die Beobachter Menschen waren, bedeutet das, dass wir alle auch aus Energie bestehen.

So weit, so gut. Aber ich schätze, das wusstest du bereits.

Da nun alles Energie ist, kann man annehmen, dass, wenn du negative oder niedrige Energie aussendest, auch nur diese niedrige oder negative Energie zu dir zurückkommen kann.

Wenn du dir wünschst, dass etwas Gutes in deinem Leben passiert, musst du positive Energie aussenden. So einfach ist das. Dennoch ist es nicht immer leicht umsetzbar.

Hier kommt ein Beispiel für das, was ich meine. Vor Jahren war ich bei einem Kunden. Ich teilte das Büro mit der Buchhalterin. Wir hatten eine gute Beziehung als Kollegen.

Nun, ich war ihr Vorgesetzter, aber da sie gute Arbeit leistete, brauchte ich sie nicht beaufsichtigen oder anweisen wie sie arbeiten sollte.

Wie auch immer, eines Morgens, als ich wieder in die Firma kam (ich war nur einmal im Monat für eine Woche oder so dort), sprachen wir über Dinge, die passiert waren, während ich nicht im Büro anwesend war.

Plötzlich fing sie an, sich zu beschweren, dass sie „dieses" Problem mit dem Warenwirtschaftssystem hat und niemand von der IT-Abteilung in den letzten vier Wochen gekommen sei, um es zu beheben.

Während sie mir ihre Geschichte erzählte, schenkte ich ihr und der IT-Abteilung etwas Liebe. Nach fünf Minuten kam einer der IT-Mitarbeiter in unser Büro und fragte sie, ob sie „dieses" Problem mit der Unternehmenssoftware hätte und sagte, dass er es jetzt schnell beheben würde.

Ihr Gesichtsausdruck sagte: „Was zum Teufel ist hier los?". Ihr Problem wurde genau in diesem Moment behoben.

Wenn das Wort „Liebe" für dich nicht passt, weil du der Meinung bist, dass es nichts mit dem Geschäftsleben zu tun hat, dann ersetze es einfach durch „positive Energie senden".

Nun, wie habe ich das gemacht? Hast du eine Idee? Es ist ganz einfach. Das ist es wirklich. Keine Ahnung?

> Gut, ich erkläre es dir, damit du es auch tun kannst. Zuerst musst du dich entspannen. Es funktioniert nicht, wenn du versuchst, es zu erzwingen.

Alles ist Energie

Kannst du dich ein bisschen mehr entspannen? Sehr gut. Jetzt erzeuge irgendwo in dir ein schönes Gefühl. Zum Beispiel ein warmes Gefühl in deinem Bauch oder so.

Dehne dieses Gefühl aus, bis es mehr von deinem Körper füllt. Nun sende es über deinen Körper hinaus aus.

Es ist nicht nötig, die Energie auf eine bestimmte Person zu richten. Das kannst du, aber es ist nicht nötig.

Sende einfach weiter dieses schöne warme Gefühl aus. Beobachte, was passiert. Vielleicht nichts. Wäre das für dich in Ordnung?

Vielleicht passiert etwas, das du nicht erwartet hast. Oder es passiert das, was du wolltest, dass geschehen soll.

Was auch immer es ist, das geschehen ist oder nicht geschehen ist: Was empfindest du?

Ich schätze, du fühlst dich besser. Du siehst, selbst mit so einer kleinen Übung konntest du dein Energieniveau erhöhen.

Musstest du viel nachdenken, um dein Energieniveau zu verändern? Musstest du es erzwingen?

Nein, überhaupt nicht. Du hast dich entschieden und du hast es getan. Kein Denken notwendig.

Selbst wenn nichts passiert ist, als du die positive Energie ausgesendet hast, fühlst du dich besser, weil du es getan hast.

Das ist ein enormer Gewinn. Hast du dich durch das Aussenden von guter, positiver Energie erschöpft gefühlt? Nein? Wow! Ist das nicht erstaunlich?

Du sendest gute Schwingungen aus und fühlst dich nicht erschöpft. Ein weiterer großer Gewinn findest du nicht auch?

Auf der anderen Seite kann dir die obige Erfahrung etwas über deine wahre Natur verraten. Dir kann die Energie nicht ausgehen. Wenn doch, dann nur, weil du dir einredest, dass es so ist.

Schicke einfach mehr gute, positive Energie aus. Was erlebst du dann? Fühlst du dich noch besser als bisher? Wie oft könntest du diese einfache Übung machen?

Du könntest diese Übung immer wieder machen, wenn du dich dafür entscheidest und es tatsächlich tust. Da alles Energie ist, ist alles und jeder miteinander verbunden. Wir sehen es nur nicht immer deutlich.

Was du sagst, ist Energie. Was du denkst, ist Energie. Was du fühlst, ist Energie. Was du tust, ist Energie. Was du isst und trinkst, ist Energie. Was auch immer du benutzt, ist Energie.

Habe ich etwas vergessen? Wie dem auch sei, auch wenn ich etwas vergessen habe, du weißt jetzt genauer, was ich damit meine, das alles Energie ist. Sogar deine Erwartungen sind Energie, denn deine Erwartungen SIND einfach Gedanken und/oder Gefühle.

Da alles Energie ist, sind auch deine Gefühle Energie und sie haben einen Einfluss auf dein Leben.

Alles ist Energie

Und nicht nur auf dein Leben. Auf das Leben von jedem. Nicht nur auf das Leben deiner Familie und Freunde.

Deine Gefühle haben einen Einfluss auf dich und alle anderen!

Lass uns das mal überprüfen. Hast du jemals ein starkes negatives Gefühl aus dem Nichts heraus verspürt? Du hattest dich vielleicht gefragt, warum zum Teufel fühlst du dich so. Dein Tag hat vielleicht wunderbar begonnen.

Später am Tag hast du dann vielleicht die Nachrichten gesehen und mitbekommen, dass in einem anderen Teil der Welt etwas wirklich Schlimmes passiert ist, und viele Menschen waren darüber betroffen oder schockiert.

Falls du so etwas noch nicht erlebt hast, mach dir keine Sorgen.

Es gibt eine andere Möglichkeit, zu erkennen, wie sehr wir alle verbunden sind: Du hattest ein wirklich positives, liebevolles Gefühl zu einer bestimmten Person und hast vielleicht daran gedacht, diese Person am nächsten Tag anzurufen. Plötzlich ruft diese Person dich an.

Ich kann gar nicht sagen, wie oft mir das schon passiert ist. Oder etwas Ähnliches.

Anscheinend haben wir Menschen noch nicht ganz verstanden, wie sehr wir sowohl miteinander als auch mit der Welt und allem, was darin ist, verbunden sind.

Hätten wir das verstanden, würden wir uns nicht gegenseitig

verletzen oder versuchen, einander zu betrügen und zu verraten. Aber das ist eine andere Geschichte.

Zurück zu Alles ist Energie. Sogar dein Körper ist Energie. Und es ist möglich, diese Energie zu messen. Vor vielen Jahren habe ich mir ein Gerät gekauft, das die elektrische Spannung in meinem Körper anzeigen kann.

Es ist wirklich interessant. Wenn ich Angst fühle, steigt die Energie an, aber es ist negative Energie, auch wenn sie stark sein mag.

Wenn ich mehr Liebe spüre, steigt die elektrische Spannung erneut an, aber dieses Mal fühlt sie sich viel besser an und ist positiv.

Du musst dir nicht unbedingt ein solches Gerät kaufen. Ich hatte es nur aus Interesse gekauft, aber es war sehr teuer. Heute gibt es solche Geräte viel günstiger, kleiner und sie sehen auch noch besser aus.

Hoffentlich kannst du jetzt besser verstehen, dass alles Energie ist. Vielleicht ist es nicht neu für dich, das zu hören. Wir neigen aber dazu, es zu vergessen, wenn unser Leben nicht ganz so läuft, wie wir wollen.

Erhöhe dein Energieniveau, wenn die Dinge nicht so laufen, wie du willst. Das ist viel einfacher, als zu versuchen, die Dinge mit Gewalt zu ändern.

Alles ist Energie

Lass uns zusammenfassen:

► Was auch immer um dich herum ist, ist Energie.
► Was du bist, ist Energie, was auch deinen Körper einschließt.
► Jede Energie hat einen Einfluss auf dein Leben.
► Deine Energie hat auch eine Auswirkung auf jeden und alles in der Welt.
► Was du sagst, ist Energie. Was du denkst, ist Energie. Was du fühlst, ist Energie. Was du tust, ist Energie. Was du isst und trinkst, ist Energie. Was auch immer du benutzt, ist Energie.
► Sogar deine Gedanken und Gefühle sind Energie.

Wie du in 4 einfachen Schritten in den Zustand eines Hochgefühls gelangst

Wie gesagt, es ist alles eine Frage deiner Entscheidung. Du hast wahrscheinlich schon einmal den Spruch gehört: „Das Leben ist eine einzige Entscheidung". In der Tat triffst du jeden Tag tausende von Entscheidungen, ohne die meisten davon zu bemerken.

In diesem Kapitel werfen wir einen Blick auf die Schritte, die du unternehmen kannst, um dich selbst in eine Hochstimmung zu bringen. Die hier beschriebene Methode bedeutet nicht, dass sie die einzige Möglichkeit ist, dies zu erreichen. Sie ist das, was ich als die einfachste Möglichkeit für mich entdeckt habe.

Hoffentlich stellst du fest, dass es auch für dich eine einfache und unkomplizierte Methode ist. Im vorherigen Kapitel hatten wir einen anderen Ansatz verwendet, der genauso wirkungsvoll ist wie der, von dem du jetzt lesen wirst.

Es bedarf nur vier Schritte, um in den Zustand eines Hochgefühls zu gelangen und keiner davon beinhaltet Denken oder Willenskraft.

Die Schritte

1. Werde dir bewusst, wie du dich fühlst
2. Entscheide, dass es in Ordnung ist, wie du dich fühlst
3. Entscheide, wie du dich fühlen möchtest
4. Fühle so, wie du dich fühlen möchtest

Da wir die Schritte nun kennen, sollten wir sie genauer untersuchen.

1. Werde dir bewusst, wie du dich fühlst.

Es ist wichtig, zu erkennen, wie du dich fühlst. Es ist der erste Schritt, um zu akzeptieren, wie du dich fühlst. Indem du erkennst, wie du dich fühlst, selbst wenn es ein schlechtes Gefühl ist, wirst du dieses Gefühl weniger versuchen zu unterdrücken.

Deine Gefühle zu unterdrücken wäre das Gegenteil von dem, was wir hier tun. Sich seiner Gefühle bewusst zu sein, bedeutet, sie zu akzeptieren, egal wie schrecklich sie sich in diesem Moment anfühlen.

2. Entscheide, dass es in Ordnung ist, wie du dich fühlst

Damit einverstanden zu sein, wie du dich fühlst, ist volle Akzeptanz, was bedeutet, dass du nicht länger an deinen Gefühlen festhalten oder sie ändern willst.

Es ist so, als ob du „Ja" zu dem Gefühl sagst.

Auch das kann hilfreich sein. Du kannst dich auch selbst fragen: „Kann ich mit dem Gefühl, das ich gerade habe, leben?" und mit Ja antworten. Das kannst du so lange tun, bis du dich wohler fühlst und mit dem Gefühl einverstanden bist.

Vielleicht verschwindet das Gefühl ganz, wenn du mit diesem Vorgehen weitermachst.

Spiele mit der Frage und der Antwort oder dem Nicht-Antworten. Was bedeutet „Nicht-Antworten"? Nun, frage dich „Kann ich mit dem Gefühl, das ich gerade habe, leben?" und beantworte die Frage einfach nicht.

Wir neigen dazu, Antworten auf Fragen zu geben, aber wer sagt, dass es notwendig ist, Fragen zu beantworten, die wir uns selbst gestellt haben? Ich weiß es nicht. Aber es ist verblüffend, was passiert, wenn du die Frage nicht beantwortest.

Probiere es für dich selbst aus. Nebenbei bemerkt, in einem echten Gespräch ist es evtl. nicht sehr höflich, eine Frage nicht zu beantworten. Aber das liegt ganz bei dir.

3. Entscheide, wie du dich fühlen möchtest

Dies ist ein wichtiger Schritt. Auch mit deinen Gefühlen wirst du nicht weiterkommen, wenn du dich nicht entscheidest, wohin du gehen willst.

In diesem Schritt entscheidest du, wie du dich fühlen möchtest: ruhig, gelassen, glücklich, freudig, friedlich, leistungsstark, liebevoll oder was auch immer du fühlen möchtest. Es liegt alles an dir. Niemand sonst kann dir sagen, wie du dich fühlen sollst.

Du entscheidest ganz klar, wohin du mit deinen Gefühlen gehen willst. Denke daran, es geht nicht darum, die Gefühle, die du nicht magst, zu unterdrücken. Akzeptiere das Gefühl, das du hast, zuerst und entscheide dann, wie du dich gerne fühlen möchtest.

4. Fühle so, wie du dich fühlen möchtest.

Mit diesem Schritt wechselst du in das Gefühl, das du gerne haben möchtest. Achte aber darauf, dass du nicht versuchst, das Gefühl zu erzwingen. Zum Beispiel entscheidest du dich, gelassen zu sein und erlaubst dir dann, so zu fühlen.

Es gibt keinen Grund, dich zu zwingen, gelassen zu sein. Es ist entscheidend, dass du einfach zulässt, dass das Gefühl entsteht, während du dich darauf konzentrierst.

Am Anfang mag es etwas Übung brauchen, um so zu fühlen, wie du es möchtest. Aber mit der Zeit wird es immer einfacher.

Dazu gibt es einen kleinen Trick, den du benutzen kannst. Bleiben wir dabei, dass du dich gelassen fühlen möchtest.

Während du dich darauf konzentrierst, dich gelassen zu fühlen, sage einfach das Wort in deinem Geist.

Wiederhole es so oft wie du willst, aber übertreibe es nicht.

Ein paar Mal sollte genügen. Und es ist nichts, was du im Eiltempo machst.

Ganz einfach, oder? Vergiss nicht, dass du dich normalerweise nicht in das Gefühl „hineindenken" musst, das du fühlen möchtest. Hier haben wir das Denken als einen Trick benutzt, um uns zu konzentrieren. Je mehr du das übst, desto weniger musst du denken.

Ich schätze, die vier Schritte sind einfach zu merken und umzusetzen. Aber sie werden bei dir nicht funktionieren, wenn du sie nicht für dich selbst anwendest.

Dabei empfiehlt es sich, sich selbst regelmäßig zu erinnern, indem du eventuell eine Erinnerung in deinen elektronischen Kalender aufnimmst. Wir alle neigen dazu, das Gute zu vergessen, sobald sich etwas Schlechtes ereignet.

Dadurch werden wir an all die Dinge erinnert, die schlecht gelaufen sind. Aber normalerweise gibt es auch eine Menge Dinge, die gut gelaufen sind.

Warum fängst du nicht an, dich öfter auf die guten Dinge zu konzentrieren? Es ist deine Entscheidung.

Wenn selbst diese vier Schritte zu viel für dich sind, um sie sich zu merken, gibt es noch eine Abkürzung. Spring einfach direkt zu Schritt 4. Richtig, mach einfach diesen letzten Schritt.

Wie du in 4 einfachen Schritten in den Zustand eines Hochgefühls gelangst

Fühle so, wie du dich gerne fühlen möchtest.

Steigere dieses Gefühl immer weiter. Einfach? Und dennoch musst du es immer wieder selbst tun, damit sich etwas verbessert.

Niemand sonst kann das für dich übernehmen. Und ich nehme an, es ist so einfach, dass du das Gefühl sogar dann entwickeln kannst, während du andere Dinge tust.

Klar, ich weiß, es braucht etwas Übung. Aber du kannst es schaffen. Mach einfach weiter.

Interessant ist auch, dass wir, wenn wir uns gut fühlen und die Dinge in die richtige Richtung laufen, aufhören, das zu tun, was uns geholfen hat, an diesen Punkt zu kommen.

Achte also darauf, weiterzumachen, auch wenn sich die Dinge so entwickeln, wie du es willst. Steigere weiterhin dein Energieniveau.

Es geht nicht um Motivation; es geht darum, deine Energie zu steigern

Motivation ist eine Möglichkeit, die du einsetzen kannst, um deine Stimmung zu heben. Aber es kostet manchmal eine Menge Energie, sich zu motivieren.

Motivation ist etwas, das du mit und in deinem Verstand machst. Motivation hat aus meiner Sicht auch viel mit Willenskraft zu tun. Allerdings ist der Verstand auch der Ort, an dem all diese Gedanken sind, die dich runterziehen.

Deshalb kostet es auch so viel Energie, deinen Verstand umzuprogrammieren. Du musst mehr positive Energie hineinstecken, als die Menge an negativer Energie, die sich bereits darin befindet.

Indem du deine Energie erhöhst, wirst du dich sowieso besser fühlen. Es sind keine Gedanken nötig, um deine Energie zu erhöhen.

Es ist auch keine Willenskraft erforderlich. Es bedarf nur deiner

Entscheidung, das ist alles.

Und du musst keine positiven Gedanken oder guten Gefühle in deinen Verstand hineinzwingen. Du lässt einfach geschehen, dass die Energie in dir selbst entsteht.

Eine kleine Aufgabe:

Wie ermöglichst du der Energie, in dir selbst zu entstehen? Nun, nehmen wir „Freude" als das Gefühl für diese Übung, das du verstärken möchtest.

Jetzt lade die „Freude" in dir ein, indem du dich einfach nach innen konzentrierst und die „Freude" einlädst, aufzusteigen. Versuche nicht, Freude zu fühlen, lade sie einfach ein und beobachte.

Wenn du dich zu sehr anstrengst, zwingst du die „Freude" hervorzukommen. Das funktioniert nicht. Beobachte weiter. Passiert nichts? Macht nichts. Kein Problem. Versuche es wie folgt. Frage dich „Kann ich mehr Freude empfinden?" und beantworte die Frage mit „Ja". Frage dich erneut.

Frage dich noch einmal. Und noch einmal. Und noch einmal. Was empfindest du? Ich schätze, du fühlst etwas mehr Freude als zuvor. Interessanterweise kannst du allein durch die Frage schon positive Gefühle hervorrufen. Du fühlst vielleicht nur ein kleines bisschen Freude, aber es beweist, dass es funktioniert.

Um das Niveau der Freude, die du fühlst, zu erhöhen, mach einfach mit der obigen Übung weiter.

Zurück zur Motivation. Motivation ist keine schlechte Sache. Allerdings wird ihr zu viel Bedeutung beigemessen.

Jeder sagt dir, dass du dich immer wieder motivieren sollst und dass das so wichtig ist. Aber die Frage ist auch, ob du versuchst, negative Energie zu überwinden, indem du deine Motivation erhöhst?

Wenn die Antwort ja ist, wie viel Energie wird dann benötigt, um etwas Positives zu bewirken?

Ehrlich gesagt, es bedarf einer Menge positiver Energie, um die negative Energie, mit der wir alle herumlaufen, zu neutralisieren. Aber dieses Problem wird niemals angegangen.

Die negative Energie in dir ist immer noch da, egal wie sehr du dich selbst motivierst.

An einem bestimmten Zeitpunkt in deinem Leben wird sie sich wieder zeigen. Anstatt so viel Energie darauf zu verwenden, dich zu motivieren, solltest du dich stattdessen selbst lieben.

Du möchtest dich selbst nicht lieben? Wenn nicht, warum versuchst du dann, dich zu motivieren? Das leuchtet mir nicht ein.

Wenn du dich motivierst, etwas zu tun, dann stellt sich die Frage, ob du dich selbst motivierst, weil es etwas Negatives in deinem Leben gibt, das du ändern willst.

Aber du sabotierst dich selbst, indem du die ganze Zeit, in der du dich motivierst, deine Gefühle auf das Negative richtest, das du

Es geht nicht um Motivation; es geht darum, deine Energie zu steigern

ändern willst. Unterbewusst hast du vielleicht sogar Angst, dass das, was du tust, nicht funktioniert oder du es wieder verlieren könntest, wenn du die gewünschte Änderung verwirklichst.

Natürlich gibt es viele Menschen, die ihre Motivation genutzt haben, um ihre Ziele erfolgreich zu erreichen. Meistens haben sie eine Menge Energie in das gesteckt, was sie erreicht haben.

Nur weil jeder dir sagt, dass du dich selbst motivieren oder hart arbeiten musst, um deine Ziele zu erreichen, heißt das nicht, dass das die einzige Möglichkeit ist, etwas zu erreichen.

Ja, viele Menschen haben bewiesen, dass man durch harte Arbeit seine Ziele erreichen kann.

Auf der anderen Seite gibt es aber auch Menschen, die schlau vorgegangen sind und so ihre Ziele erreicht haben. Welche Art von Mensch bist du? Der harte Arbeiter oder das schlaue Genie?

Beides ist in Ordnung, egal welche Art von Mensch du bist. Es geht nicht um „dies oder das", es geht um „dies und das". Nutze alles zum Besten deiner selbst und zum Besten aller.

Oh, ich kann es nicht glauben, aber ich habe vergessen, „Motivation" für dich klar zu definieren. Entschuldige bitte. Da es mir gerade eingefallen ist, sollten wir definieren, was „Motivation" eigentlich ist. Einverstanden?

Motivation ist der Wunsch, etwas zu verändern. Das kann alles sein, womit du im Moment nicht zufrieden bist. Es kann deine Fitness sein, dein Einkommen oder deine Lebenssituation.

Sogar deine Beziehungen. Du verstehst, was ich meine. So wie es aussieht, ist Motivation eine gute Sache, denn sie umfasst Ausdauer und Willenskraft, etwas an der Situation zu ändern, mit der du nicht zufrieden bist.

Aber es steckt eine Menge negativer Energie dahinter, kannst du das erkennen? Wenn nicht, dann hier ein Hinweis. Wenn du mit etwas nicht zufrieden bist, fühlst du dich dann gut dabei? Ich denke nicht.

Du hast das Gefühl, dass du etwas Besseres oder zumindest etwas anderes „brauchst", um dich gut zu fühlen. Mit anderen Worten, du glaubst, dass dir etwas fehlt. Und du willst unbedingt dieses fehlende Etwas haben.

Trotzdem „motivierst" du dich, etwas zu tun, um dieses störende Gefühl, etwas zu vermissen oder etwas anderes zu wollen, loszuwerden.

Dieses störende Gefühl ist negativ. Du fühlst dich schlecht wegen etwas, so wie es gerade ist. Tolle Motivation aus meiner Sicht – um hier mal ein wenig ironisch zu sein.

Du motivierst dich also durch das Negative und zwingst dich dazu, positiv zu denken und etwas gegen die negative Empfindung zu tun. Du versuchst, etwas Positives aus dem Negativsein entstehen zu lassen.

Mm, sieht nach einer großen Anstrengung aus. Und das ist es auch, oder? Hast du schon mal etwas anderes ausprobiert?

Es geht nicht um Motivation; es geht darum, deine Energie zu steigern

Stell dir vor, dass du mit dem zufrieden bist, was um dich herum ist, was du hast, was du bist. Denk zum Beispiel: „Oh, es wäre schön, zu sein/zu haben/zu tun …".

Fühlt sich das positiver an? Verstehe mich nicht falsch, es geht nicht darum, zu vermeiden, etwas zu wollen. Das ist in Ordnung.

Es geht darum, von einer positiveren und offeneren Einstellung auszugehen. Wenn du offener und positiver bist, wird dir das Tun viel leichter und unbeschwerter fallen.

Auch wenn du Dinge regelmäßig erledigen musst, um Fortschritte zu sehen. Man könnte sagen, dass das auch Motivation ist. Gut, für mich geht es eher darum, zielgerichtet zu sein.

Zielgerichtet zu sein bedeutet, dass du deine Ziele vor Augen hast, aber nichts erzwingst oder dich zwingst, etwas zu ändern.

Ja, du tust, was nötig ist, während du weiterhin offen und positiv bist. Zielgerichtet zu sein bedeutet nicht, dass du es vermeidest, etwas zu tun.

Ich möchte es noch auf eine andere Art und Weise ausdrücken. Motivation fühlt sich manchmal oder die meiste Zeit über aufdringlich an. Schau dir einfach mal all die Dinge an, die dir in den Sinn kommen, die du ändern musst/willst.

Du willst deine Gedanken, deine Gefühle, dein Verhalten, dein Umfeld, deine Beziehungen oder auch deinen persönlichen Ausdruck verändern.

Klingt nach einer Menge, für das du dich motivieren musst.

Du brauchst dich nicht zu motivieren, wenn du dich gut fühlst. Oder doch? Nein, natürlich nicht. Du brennst bereits für die Dinge, die du gerne tust.

Das ist der Unterschied, wenn du in Hochstimmung bist. Deine Motivation kommt dann ganz natürlich und ist nicht negativ besetzt, wie das sonst der Fall ist.

Kannst du dir in diesem Moment erlauben, dich gut zu fühlen? Entscheide einfach, dass du es kannst. Und kannst du dich noch besser fühlen? Und noch besser? Und noch besser?

Was empfindest du jetzt? Fühlst du dich besser? Fühlst du dich energiegeladener? Fühlst du dich jetzt mehr interessiert daran, etwas zu unternehmen?

Musstest du dich motivieren, um dich gut zu fühlen? Nein, das musst du nicht. Du entscheidest dich einfach und erlaubst dir, dich gut zu fühlen.

Somit brauchst du keine Motivation. Entscheide dich, dich gut zu fühlen und du fühlst dich gut, wenn du so lange weiter entscheidest, bis du dich gut fühlst. Und dann entscheidest du dich weiter, dich gut zu fühlen.

Klingt einfach. Und doch ist es nicht immer einfach. Sei konsequent mit deiner Entscheidung, aber denke daran, nichts zu erzwingen.

Es geht nicht um Motivation; es geht darum, deine Energie zu steigern

Um es noch einmal zusammenzufassen:

► In Hochstimmung zu sein, hat nichts mit Motivation zu tun.
► In Hochstimmung zu sein ist eine Entscheidung.
► In Hochstimmung zu sein, macht es einfacher und müheloser, die Dinge zu tun, die du tun willst oder musst.
► In Hochstimmung zu sein, fühlt sich großartig an.

Das Geheimnis der Selbstwahrnehmung

Lass mich mit einer Frage beginnen. Glaubst du wirklich, dass es ein Geheimnis bezüglich Selbstwahrnehmung gibt? Um ehrlich zu sein, aus meiner Sicht gibt es kein Geheimnis.

Du verfügst die ganze Zeit über Selbstwahrnehmung. Du schenkst ihr jedoch vielleicht keine Aufmerksamkeit. Zuerst müssen wir definieren, was Selbstwahrnehmung eigentlich bedeutet.

Selbstwahrnehmung bedeutet, dass du dir deiner Gefühle, deiner Gedanken, deines Verhaltens, der Welt und anderer Menschen und Leben bewusst bist. Dazu gehören auch deine Reaktion auf Gedanken, Gefühle und dein Verhalten.

Es hat nichts damit zu tun, dein Verhalten zu verbessern oder deine Gefühle zu verändern. Aber es ist der erste Schritt, um damit zu beginnen. Normalerweise neigen wir dazu, unsere Selbstwahrnehmung zu benutzen, um uns in die Welt einzufügen. Um akzeptiert zu werden.

Das Geheimnis der Selbstwahrnehmung

Selbstwahrnehmung mag ein wenig magisch, esoterisch oder sogar kompliziert klingen. Wie du oben bereits gelesen hast, ist das nicht der Fall. Es ist eine natürliche Fähigkeit, die jeder von uns hat. Und vielleicht haben sie sogar Tiere. Wer weiß das schon?

Ist es nicht interessant, was wir Menschen bereit sind zu tun, um von anderen akzeptiert zu werden? Das ist jedoch unnötig. Wenn du dich gut fühlen möchtest, dann warte nicht, bis dir jemand Liebe und Zuneigung schenkt. Gib dir selbst Liebe und Zuneigung.

Ja, es ist wirklich schön, Liebe von anderen zu erhalten. Es ist aber nicht notwendig, sich selbst dafür aufzugeben. Je mehr du dich selbst liebst, desto mehr können dir auch andere Liebe geben.

Zurück zur Selbstwahrnehmung. Meine eigene Erfahrung hat mir gezeigt, dass Selbstwahrnehmung weit über die Sinne des Körpers hinausgeht. Und das hat nichts mit der Einnahme von Drogen zu tun. Und es ist auch nicht nötig, dass du Erfahrungen jenseits des Körpers machst, um dich großartig zu fühlen oder in Hochstimmung zu bleiben.

Du kannst deine Selbstwahrnehmung nutzen, um in Hochstimmung zu gelangen. Indem du die vier Schritte, die in diesem Buch beschrieben sind, anwendest, nutzt du bereits deine Selbstwahrnehmung.

Wenn du dir deiner momentanen Gefühle bewusst bist, bist du dir deiner Selbst bewusst. Dann kannst du dich entscheiden, ob du bei deinem Gefühl bleiben willst oder es verändern möchtest.

Es ist also immer deine Entscheidung, wie du dich fühlst und wie du reagierst. Selbstwahrnehmung hilft dir, die Macht deiner Entscheidung zu erkennen.

Das einzige Geheimnis der Selbstwahrnehmung besteht darin, sie zu nutzen, um die richtigen Fragen an dich selbst und über dich selbst zu stellen. Dann nutzt du deine Selbstwahrnehmung zur Selbsterkenntnis.

Es gibt etwas an der Selbstwahrnehmung, das meistens nicht erkannt wird. Selbstwahrnehmung ist subjektiv. Du kannst dir selbst nicht auf objektive Weise bewusst sein, außer du bist in der Lage, nicht an oder über dich zu denken, wenn du dich selbst wahrnimmst.

Das Gefühl oder die Wahrnehmung, die du von dir selbst hast, wird immer Gedanken und Gefühle beinhalten. Wir können uns sogar selbst ablehnen/schlecht machen. Wir fragen uns oft „Warum ist/hat …?". Diese Art von Fragen führt dich in die Abgründe deines Verstandes.

Hilfreicher sind Fragen, die mit „Was", „Wie" oder „Wer" beginnen. Letzteres sollte nicht dazu benutzt werden, um nach einem Schuldigen zu suchen. Denn wenn es um unser Leben geht, ist jeder von uns selbst schuld, nicht jemand anderes.

Selbstwahrnehmung könnte auch damit ausgedrückt werden, im Moment zu verweilen und zu erkennen, was in dir und außerhalb von dir vor sich geht, ohne es zu beurteilen. Fühlen, Hören, Sehen und so weiter.

Manche mögen sagen, dass das mehr mit Achtsamkeit zu tun hat.

Das Geheimnis der Selbstwahrnehmung

Nun, wir Menschen neigen dazu, die gleiche Sache mit vielen verschiedenen Worten und Methoden zu beschreiben. Nichts davon ist gut oder schlecht – richtig oder falsch.

Wir können uns darauf einigen, mit unserem Bewusstsein im gegenwärtigen Moment zu verweilen, ohne jedes Urteil. Das ist für mich sowohl Selbstwahrnehmung als auch Achtsamkeit.

Es ist einfach, und doch neigen wir alle dazu, es komplizierter zu machen, als es ist.

Lass uns eine Übung machen. Atme tief ein. Richtig tief, beginnend in deinem Bauch bis hinauf in deine Brust. Entspanne dich, während du einatmest.

Atme langsam aus. Atme tief und in einem natürlichen Rhythmus weiter.

Was nimmst du wahr? Hattest du weniger Gedanken? Fühlst du dich ruhiger? Nimmst du mehr von dem wahr, was in und um dich hergeschieht?

Wenn deine Antworten auf die obigen Fragen „Ja" waren, wunderbar. Jetzt hast du erfahren, was es heißt, aufmerksamer zu sein. Wenn deine Antwort „Nein" war, versuche es noch einmal. Atme tief ein und entspanne dich.

Es gibt keinen Grund, bei dieser Übung ängstlich zu sein. Entspanne dich. Es kann dir nichts passieren. Tief zu atmen ist gesund, da du mehr Sauerstoff in deinen Körper bekommst.

Auch wenn deine Antwort auf die zuvor genannten Fragen immer noch „Nein" lautet, bist du dir dessen bewusst. Achte darauf, ob es irgendwelche Gefühle gibt. Irgendein Wunsch, eine bestimmte Erfahrung zu machen, irgendeine Erwartung.

Selbstwahrnehmung hat nichts mit Erwartungen oder Wollen zu tun. Du besitzt sie einfach. In dem Moment, in dem du einen Gedanken, eine gewohnheitsmäßige Reaktion oder Ähnliches erkennst, nimmst du dich selbst wahr.

Es ist unkompliziert und einfach.

Es erfordert keine Zeit, aufmerksam zu sein. Du bist es, aber du musst vielleicht dein Bewusstsein darauf lenken.

Oh, hier ist noch etwas, das du über Selbstwahrnehmung wissen solltest, das vielleicht ein bisschen unangenehm ist, aber ich habe es bereits auf Umwegen erwähnt.

Je mehr du dich Selbst wahrnimmst, desto mehr negative Gedanken und Gefühle könntest du bemerken. Das Erkennen von mehr negativen Gedanken und Gefühlen kann störend, irritierend oder sogar überfordernd sein.

Mach dir keine Sorgen. Gefühle und Gedanken sind nur Energie. Lasse dich auf sie ein und erlaube ihnen, vorbeizuziehen. Du würdest dich ja auch nicht an einer Wolke am Himmel festhalten wollen, oder?

Gib deinen Gefühlen und Gedanken die gleiche Freiheit, die du einer Wolke gibst. Erlaube ihnen, durch dich zu fließen. Indem du entspannt bleibst, selbst wenn ein Gedanke oder ein Gefühl sich übermächtig anfühlt, wird es vorbeiziehen.

Wenn du spürst, dass du dich verkrampfst, wenn ein starkes Gefühl oder ein Gedanke hochkommt, erinnere dich daran, dich zu entspannen. Es kann sogar helfen, „Ja" zu dem Gefühl zu sagen.

In dem Moment, in dem du das Gefühl oder den Gedanken wahrnimmst, nimmst du wahr was gerade passiert. Das bedeutet, dass du mehr wahrnimmst, als du denkst. Natürlich kann es Momente geben, in denen du in den gegenwärtigen Moment zurückkommst und erkennst, dass du für eine gewisse Zeit nicht aufmerksam warst.

Das ist nicht schlimm, das passiert einfach. Sei froh, dass du wieder bewusster wahrnimmst.

Um deine Selbstwahrnehmung noch zu steigern, kannst du dir die folgenden Fragen stellen. Die Liste erhebt keinen Anspruch auf Vollständigkeit, diese Fragen sind Beispiele. Spiele mit ihnen herum und füge deine eigenen hinzu:

► Bin ich aufmerksam?
► Bin ich liebevoll?
► Was empfinde ich in diesem Moment?
► Was rieche, schmecke, höre, fühle ich?
► Bin ich friedlich?
► Bin ich entspannt?

Auch wenn dies Fragen sind und du versucht sein könntest, sie zu beantworten, beantworte diese Fragen nicht. Lass sie wirken und beobachte, ob und wie sie sich selbst beantworten.

Konzentriere dich auf deine Erfahrung, anstatt dich auf den geistigen Prozess der Beantwortung der Fragen zu konzentrieren.

Was kannst du noch tun, um deine Selbstwahrnehmung zu erhöhen? Am wichtigsten ist es, immer wieder einen kurzen Moment innezuhalten, in dem du dich auf das konzentrierst, was in und um dich herum geschieht.

Außerdem kannst du Meditationen nutzen, um deine Selbstwahrnehmung zu erhöhen. Auch ein Spaziergang bietet sich an, bei dem du dir erlaubst, alles wahrzunehmen, ohne darüber nachzudenken.

Letzteres braucht etwas Übung, wie du sehen wirst. Der Verstand meldet sich oft und sagt dir genau, was du siehst und hörst. Außerdem füge er Annahmen hinzu, die er aus den Dingen, die er gerade kommentiert hat, ableitet.

Beachte deinen Verstand nicht! Konzentriere dich auf deine Erfahrung und lass alles andere durch dich fließen. Dennoch, glaubst du jetzt immer noch, dass es ein Geheimnis bezüglich Selbstwahrnehmung gibt? Oder etwas Neues darüber?

Was auch immer deine Antwort war, lass sie einfach verschwinden und gib dir die Freiheit, Selbstwahrnehmung immer wieder neu zu erfahren.

Es gibt keinen Grund, an den Erfahrungen festzuhalten, die du bisher gemacht hast. Sei offen für neue Erfahrungen, sei offen für neue Ebenen der Selbstwahrnehmung.

Außerdem hat Selbstwahrnehmung damit zu tun, zu erkennen, wie andere uns sehen. Da wir alle versuchen, uns anzupassen, kann dieser Teil eine Menge Energie kosten.

Doch wir haben Angst davor, damit aufzuhören, es allen anderen recht machen zu wollen.

Aufzuhören, es allen anderen recht machen zu wollen, um sich anzupassen, bedeutet nicht, ein unhöflicher und/oder unaufmerksamer Mensch zu werden.

Es hat mehr mit dem Bewusstsein zu tun, dass du die gute Energie bereits in dir trägst und du daher andere nicht dazu zwingen musst, dir etwas zu geben, von dem du glaubst, dass du es brauchst.

Erinnere dich daran, dass es in diesem Buch darum geht, sich gut zu fühlen und in Hochstimmung zu bleiben.

Selbstwahrnehmung kann dir helfen zu erkennen, dass du willst, dass andere dich anerkennen, dir Bestätigung oder Zuneigung geben. Das wird nicht funktionieren, da jeder dies vom anderen erwartet.

Jeder will von dir positive Zuwendung. In diesem Fall solltest du zuerst damit beginnen, dein eigenes Energieniveau zu erhöhen. Dann kannst du dich entscheiden, dein Bestes zu tun, um anderen zu helfen, damit sie ihr eigenes Energieniveau erhöhen.

Je höher dein Energieniveau wird, desto mehr hilfst du dir und allen anderen.

Probiere es für dich selbst aus. Nutze die Übungen aus diesem Buch und finde heraus, was passiert.

So weit, so gut. Lass uns alles zum Thema Selbstwahrnehmung zusammenfassen:

► Es gibt kein Geheimnis bezüglich Selbstwahrnehmung.
► du nimmst dich selbst die ganze Zeit über wahr, auch wenn du dich nicht darauf konzentrierst.
► Selbstwahrnehmung hat damit zu tun, wie du dich selbst siehst, wie andere dich sehen und das du dir dessen bewusst bist, wie du fühlst, handelst und denkst.
► Selbstwahrnehmung hat auch damit zu tun, aufmerksam zu sein für das, was geschieht, sodass du positiver handeln kannst. Vor allem, wenn automatische Gewohnheiten auftauchen.
► Es ist einfach, deine Selbstwahrnehmung zu entwickeln und dich darauf zu konzentrieren, es braucht nur deine Entscheidung. Ein tiefer Atemzug kann ebenfalls helfen.
► Es gibt nichts, was du aktiv tun musst, um dich selbst wahrzunehmen. Selbstwahrnehmung ist passiv, dennoch kannst du auch sehr aktiv sein, wenn du vollkommen aufmerksam bist.
► Das Eintauchen in größere Selbstwahrnehmung kann starke Gefuhle hervorbrlngen. Gute und schlechte. Blcibe entspannt und sie fließen durch dich hindurch.
► Selbstwahrnehmung hilft dir, dich daran zu erinnern, in Hochstimmung zu bleiben.

Die Rolle des Umfelds und warum es keine Rolle spielt

Unser Umfeld in Form der Menschen um uns herum beeinflusst uns. Das liegt daran, dass wir viel mehr miteinander verbunden sind, als wir glauben und weil wir als Menschen auf soziale Kontakte angewiesen sind.

Im letzten Kapitel haben wir ein Experiment gemacht, um das zu beweisen.

Auf der einen Seite sind wir gerne mit anderen Menschen zusammen, auf der anderen Seite aber auch nicht. Das hängt von den Erfahrungen ab, die wir in unseren Beziehungen mit anderen gemacht haben. Trotzdem können wir uns nicht völlig von anderen Menschen lösen.

Deshalb müssen wir eine Möglichkeit finden, mit anderen Menschen auszukommen, auch wenn sie heftige Gefühle in uns auslösen.

Wenn du dir die Reaktionen anderer Menschen auf positive

Ereignisse im Leben anschaust, kannst du feststellen, wie negativ wir Menschen diesen Ereignissen gegenüber eingestellt sind. Das kann sogar dann der Fall sein, wenn unsere Energie immer weiter ansteigt.

Manche Menschen werden sich nach Kräften bemühen, dich herunterzuziehen. Nicht, weil sie es nicht mögen, dass du in Hochstimmung bist und dich großartig fühlst, sondern weil sie es selbst nicht sind. Es ist eine unterbewusste Angewohnheit, die wir alle zu einem gewissen Grad aufweisen.

Aber glaube mir nicht, überprüfe es bitte selbst. Du kannst es herausfinden, indem du beobachtest, wie andere auf dich reagieren, wenn du dich in Hochstimmung befindest und dich super fühlst.

Den meisten Leuten mag es gefallen, aber ein paar Leute, die es nicht gut finden, können ausreichen, um dich runterzuziehen. Besonders, wenn diese Menschen Teil deiner Familie sind. Unsere Familienmitglieder können bei uns am meisten auslösen.

Und du kannst deine Familie auch nicht so einfach hinter dir lassen. Das ist auch gar nicht nötig. Denn deine Familie ist nicht dafür verantwortlich, wie du dich fühlst. Du bist es!

Deine Familie, Freunde, Kollegen oder jede andere Person kann schlechte Gefühle in dir auslösen, aber trotzdem bist du derjenige, der sie fühlt, also bist du für deine Gefühle verantwortlich.

Wenn du dich mit dem Thema beschäftigst, stellst du fest, dass es nicht wichtig ist, was andere zu dir sagen oder tun. Es zählt nur, wie du dich dabei fühlst.

Und das ist natürlich deine Entscheidung.

Noch einmal: Es geht nicht darum, deine negativen Gefühle zu unterdrücken. Erlaube ihnen, so zu sein, wie sie sind und konzentriere dich auf die Gefühle, die dir wichtig sind. Fühle dich friedlich, fühle Freude oder was auch immer du willst. Es ist deine Entscheidung.

Nun, welche Rolle spielt unsere Umgebung? Na ja, lass es mich so sagen, die Rolle unserer Umgebung ist es, uns zu helfen unsere Aufmerksamkeit auf uns selbst zu richten.

Hier bedeutet Umgebung alles und jeden um dich herum, manchmal sogar die ganze Welt.

Unsere Aufmerksamkeit auf uns selbst zu richten bedeutet, unsere innere Reaktion auf die Geschehnisse in unserer Umgebung und der Welt zu erkennen.

Einfach, oder? Es ist eine einfache Aufgabe, in positiver Hochstimmung zu verweilen, aber es ist nicht immer leicht. Es braucht Übung.

Es ist richtig, dass es einfacher ist, positiv zu sein, wenn du dich unter positiven Menschen befindest. Andererseits hast du nicht immer die Wahl, mit wem du zusammen bist. Es kann passieren, dass negative Menschen dich umgeben.

Wie schon über unsere Familien gesagt. Du kannst sie nicht loswerden und das musst du auch nicht. Deine Familie erkennt, wenn du dich öfters in Hochstimmung befindest.

Und du bist gerne bei deiner Familie, egal ob sie negativ oder positiv ist.

Wir alle neigen dazu, uns von der Gesamtenergie einer Situation beeinflussen zu lassen. Aber das muss nicht sein. Hier ist ein Beispiel. Stell dir vor, du bist unter vielen Menschen, die eine Musikveranstaltung besuchen.

Selbst wenn du dich erst etwas später, als die meisten Menschen, zu der Veranstaltung begeben würdest, würdest du sofort die gute Stimmung bei dieser Veranstaltung spüren.

Wenn du dich nun einer Gruppe von Menschen anschließt, die wütend aufeinander sind und sich verbal streiten, erlebst du vielleicht etwas anderes. Es könnte sein, dass du aufgrund der Energie, die du spürst, an dem Streit teilnimmst, obwohl du vielleicht in einer guten Stimmung warst, bevor du zu der Diskussion/dem Streit hinzugestoßen bist.

Hier ist eine kleine Geschichte, wie ich dazu kam, das Obige in unserer Welt zu erkennen. Ich reiste in eine große Stadt, in der ich noch nie zuvor gewesen war. Am ersten Tag spazierte ich durch die Gegend in der Nähe meines Hotels.

Glücklicherweise hatte ich ein Hotel in der Nähe des Stadtzentrums gebucht. Während ich herum schlenderte, kaufte ich mir einige Tickets für Sightseeing-Touren. Am nächsten Tag begann ich mit diesen Touren.

Die letzte der Sightseeing-Touren fand ein paar Tage später am späten Nachmittag statt.

Kurz vor dem Ende der Tour fuhr der Bus sehr langsam durch eine kleine Straße. Plötzlich fühlte ich mich total schlecht und negativ.

Von überall her hatte ich das Gefühl, mit negativen Gefühlen bombardiert zu werden. Etwa 15 Minuten später endete die Tour in der Nähe eines Platzes im Stadtzentrum. Ich bin fast aus dem Bus gefallen, da ich mich wie betrunken fühlte. Dabei hatte ich nur Wasser dabei.

Trotzdem spürte ich all die negative Energie. Glücklicherweise gab es eine Eislaufbahn in der Mitte des Platzes im Stadtzentrum. Ich machte mich auf den Weg dorthin und genoss es, die Leute beim Schlittschuhlaufen zu beobachten. Innerhalb weniger Minuten fühlte ich mich viel besser und die schlechten Gefühle verschwanden.

Und ich fühlte mich positiv für den Rest des Tages. Seitdem ist mir etwas Ähnliches nicht mehr passiert. Warum? Weil ich mich entschieden habe, alle Energie durch mich hindurch fließen zu lassen, anstatt sie festzuhalten. Zusätzlich entschied ich mich, positiv und liebevoll zu sein.

Du siehst, die Rolle der Umgebung ist nicht nur negativ. Sie kann beides sein, positiv und negativ. Aber niemals beides zur gleichen Zeit. Es ist jedoch immer unsere Wahl, ob wir der Energie des Rudels folgen, also der Energie der Mehrheit der Menschen oder nicht.

Es spielt keine Rolle, wie viele Menschen um dich herum sind, in positiver Hochstimmung zu sein, ist deine Entscheidung.

Es kann sein, dass du diese Entscheidung mehrmals und immer wieder treffen musst.

Wie auch immer, auch wenn ich mich immer wieder wiederhole. Dein Umfeld bestimmt nicht dein Energieniveau oder wie du dich fühlst.

Deine Umgebung hat einen Einfluss darauf, wie du dich fühlst, aber du bist derjenige, der entscheidet, wie du dich fühlst. Ja, diese Entscheidung kann unterbewusst getroffen werden. Und sie wird normalerweise ziemlich schnell für dich getroffen.

Das wiederum bedeutet nicht, dass du ständig auf Automatik laufen musst. Du kannst deine unbewussten Entscheidungen jederzeit überschreiben.

Jeder und alles um dich herum hat einen Einfluss auf dich. Das ist eine Tatsache. Du kannst es überprüfen, indem du in die Energie der Situation oder deiner Lebensumstände hineinspürst.

Ja, du kannst die Energie spüren, denn du bist Energie. Wiederum hat alles um dich herum einen Einfluss auf deine Energie. Jedoch ist deine Energie das, was den größten Einfluss auf dich und deine Umgebung hat.

Es ist deine Energie, deine Gefühle, die den größten Einfluss auf dein Leben haben. Wenn dich jemand oder etwas dazu bringt, dich schlecht zu fühlen, dann hast du dich dazu entschieden, dich schlecht zu fühlen.

Daran ist nichts falsch, außer wenn du anfängst, anderen die

Schuld für deine negativen Gefühle zu geben. Niemand kann dir ein schlechtes Gefühl geben, außer du selbst.

Ich weiß, das ist ein schwieriges Thema. Aber eines Tages wirst du es für dich selbst erkennen und du übernimmst die Verantwortung für deine Gefühle. Die guten und die schlechten.

Auch die guten Gefühle, die du erlebst, werden dir von niemandem gegeben. Du trägst sie in dir selbst. Warum nutzt du also nicht deine natürliche Fähigkeit und entscheidest dich dafür, dich die ganze Zeit gut zu fühlen?

Selbst, wenn du diese Entscheidung eine Million mal treffen musst. Wen kümmert es? DU bist es, der zählt!

Du solltest dich darum kümmern, wie du dich fühlst. Ich gehe davon aus, dass du alles tust, was nötig ist, um deinen Körper gesund und fit zu halten. Das bedeutet, dass du dich gesund ernährst und auf Sauberkeit achtest.

Habe ich recht? Ich glaube schon. Also, warum gibst du dir nicht genauso viel Mühe, dich gut zu fühlen, wie du in deinen Körper investierst?

Am Ende ist es sowieso deine Entscheidung. Du kannst weitermachen und zulassen, dass die ganze Welt dich runterzieht oder du entscheidest dich, dich selbst hochzuziehen.

Indem du deine Energie erhöhst, ziehst du jeden um dich herum mit hoch und vielleicht sogar mehr Menschen, als du dir jemals vorstellen kannst.

Die Rolle des Umfelds und warum es keine Rolle spielt

Wo auch immer du auf der Welt bist, egal unter welchen Umständen und Situationen oder in welchem Land du lebst, es liegt nur an dir, deine Energie zu steigern. Warte nicht darauf, dass es jemand für dich tut. Niemand kann deine Energie erhöhen, außer du selbst.

Ja, andere können dir helfen, indem sie dich aufmuntern, aber das kann nur ein Anfang sein. Es ist schön, wenn andere etwas für dich tun. Das ist es wirklich.

Sei dafür so dankbar wie du nur kannst. Wenn du tief genug bohrst, wirst du herausfinden, dass es Dinge in dir selbst gibt, die niemand außer dir ändern kann.

Hab keine Angst. All diese Dinge sind nur Erinnerungen in Form von Energie. Und du bist die allerhöchste Energie von allen.

Warum nutzt du deine Energie nicht zum Wohle deiner Selbst und anderer? Klingt gut? Super!

Lass uns das sofort gemeinsam angehen. Erhöhe die Liebe, die du für dich selbst fühlst. Du fühlst keine Liebe für dich selbst? Nein, das glaube ich nicht. Du tust es, aber du hast Angst, dass man dir sagt, dass du eitel bist, wenn du dich selbst liebst. Das ist seltsam.

Liebe tut nie weh. Liebe bringt dein Leben in Harmonie und das kann manchmal beängstigend sein. Wie auch immer, fahre fort zu lieben.

Und falls du Angst hast, zu stolz zu werden, dich selbst zu lieben, mach dir keine Sorgen. Wenn du dich wirklich selbst liebst, hat

Stolz keine Chance. Das liegt daran, dass Liebe viel höher ist als Stolz. Die Liebe, die ich hier meine, ist bedingungslos, das ist die wahre und einzige Liebe, die es gibt. Alles, was anders ist als das, ist keine Liebe. Zumindest nicht von meinem Standpunkt aus.

Also noch mal von vorne. Liebe dich selbst ein bisschen mehr. Und noch ein bisschen mehr. Und noch ein bisschen mehr. Lass einfach die Liebe durch dich hindurch fließen.

Was nimmst du wahr? Fühlst du dich besser oder schlechter? Vielleicht fühlst du dich schlechter, denn irgendwie haben wir alle ein seltsames Verhältnis zur Liebe. Das heißt, wir sträuben uns, sie für uns selbst anzunehmen.

Oder wir nehmen Liebe für uns selbst nicht an, wenn wir nicht etwas Wertvolles getan haben, um sie zu verdienen. So haben wir das Gefühl, nicht gut genug zu sein, um geliebt zu werden.

Ehrlich gesagt, es ist nicht wahr, dass du auf eine bestimmte Art und Weise sein oder bestimmte Dinge tun musst, um es wert zu sein, Liebe zu empfangen.

Mach einfach weiter und gib dir selbst Liebe. Ja, genau jetzt. Lade die Liebe in dir selbst ein, hervorzutreten, und beobachte, was passiert. Du kannst die Liebe nicht erzwingen. Lass sie einfach geschehen und beobachte. Hoffentlich hast du jetzt ein besseres Verständnis dafür, warum deine Umgebung oder Umstände keine Rolle spielen.

Du hast den größten Einfluss auf deine Welt. Wenn du weiterhin in positiver Hochstimmung bleibst, erkennst du, dass du einen viel größeren Einfluss auf deine Lebenserfahrung hast als jeder andere. Es ist deine Entscheidung, die deiner Umgebung oder den Umständen Macht über dein Leben gibt. Wenn dein Umfeld oder die Umstände dich herunterziehen, dann liegt das daran, dass du deine Aufmerksamkeit ständig auf sie richtest. Richte deine Aufmerksamkeit auf das, was du willst, auf deine positive Energie. Du bist positive Energie. Konzentriere dich auf die Liebe.

Lass uns zusammenfassen, welche Rolle deine Umgebung spielt und warum sie keine Rolle spielt:

- ▶ deine Umgebung ist jeder und alles um dich herum. Wenn du einen weiten Blickwinkel einnimmst, dann ist deine Umgebung das ganze Universum.
- ▶ deine Umgebung weist dich auf dich selbst hin. Mit allem, was du fühlst, wirst du daran erinnert, auf dich selbst zu schauen.
- ▶ deine Umgebung hat einen Einfluss auf deine Gefühle sowie auf deine Aktionen/Reaktionen.
- ▶ du entscheidest dich, auf dem Energieniveau deiner Umgebung zu bleiben oder nicht.
- ▶ du kannst dich entscheiden, dich positiv oder negativ zu fühlen, egal wie das Energieniveau deiner Umgebung ist.
- ▶ Es ist eine unterbewusste Gewohnheit, dem Energieniveau unserer Umgebung zu folgen.
- ▶ Indem wir unsere Entscheidung, positiv und liebevoll zu sein, ständig wiederholen, können wir sogar das Energieniveau unserer Umgebung beeinflussen.
- ▶ du entscheidest, ob du dich positiv oder negativ fühlen willst. Es ist immer deine Entscheidung. Du kannst positiv oder negativ sein, aber nicht beides zur gleichen Zeit.

Wie man sich dem Einfluss von Umgebungen und Umständen, die einem die Energie rauben, entzieht

Wir alle haben harte Zeiten erlebt. Das Jahr 2020 könnte eine solche Zeit für dich gewesen sein. Vielleicht hast du einmal deinen Job oder dein Geld verloren oder sogar jemanden, den du liebst.

All diese Ereignisse können uns ins Negative ziehen. Das muss nicht so sein. Aber das bedeutet nicht, dass du Gefühle von Traurigkeit, Schmerz oder was auch immer du erlebst, unterdrücken sollst.

Diese Gefühle sind Teil unserer menschlichen Erfahrung. Wir können jederzeit wahrnehmen, wie wir uns fühlen und entscheiden, ob wir uns so fühlen möchten.

Selbst in Momenten, in denen es uns nicht möglich erscheint, etwas Positives zu fühlen, weil die aufkommenden Gefühle so stark sind, können wir uns dazu entscheiden, uns positiv und liebevoll zu fühlen.

Es braucht Mut, die aufkommenden Gefühle zuzulassen und sich zu entscheiden, sie loszulassen.

Sich zu entscheiden, positiver zu fühlen, während schlechte Dinge in deinem Leben passieren, braucht Übung.

Du kannst jederzeit die vier in diesem Buch beschriebenen Schritte anwenden, um deine Gefühle zu verändern.

Die Rolle des Umfelds und warum es keine Rolle spielt

Bis jetzt hast du gesehen, dass deine Gefühle eine Reaktion auf das sind, was um dich herum passiert. Wenn du dich also nicht um das kümmern würdest, was um dich herum passiert, hättest du auch keine Gefühle dazu.

Außerdem hast du gesehen, dass du derjenige bist, der entscheidet, ein Gefühl zu haben oder sich für ein anderes zu entscheiden.

All das hat einen großen Einfluss auf dein Leben. Denn jetzt kannst du erkennen, dass du nicht das Opfer deiner Umgebung oder Umstände bist.

Je mehr du dich in negative Gefühle vertiefst, desto mehr negative Dinge geschehen in deinem Leben. Was aber für das Negative gilt, trifft auf das Positive schon lange zu.

Wir leben in einer Welt der Dualität. Du musst dich entscheiden. Du kannst entweder dieses oder jenes haben, aber nicht beides. Du kannst dich nicht gleichzeitig negativ und positiv fühlen.

Du kannst nicht traurig sein und zur gleichen Zeit lachen. Du entscheidest dich für eine der beiden Erfahrungen.

Davon abgesehen hoffe ich, dass du bereits eine Ahnung hast, wie du dich in einer Umgebung oder unter Umständen, die dich nach unten ziehen, erheben kannst.

Ja, du hast recht. Du entscheidest dich, gedanklich über sie erhaben zu bleiben. Deine Kraft ist deine Entscheidung. Auch, wenn du tausendmal entscheiden musst.

Wie lange dauert es, bis du dich entschieden hast? Ehrlich gesagt, es dauert nur den Bruchteil einer Sekunde.

Wenn du dich entscheidest, hast du dich entschieden. Erledigt. Es gibt kein Diskutieren darüber, was, warum und wie du dich entscheidest oder ob es eine bessere Entscheidung geben könnte.

Stell dir einfach vor, du wägst ab, ob es eine gute Entscheidung ist, sich positiv zu fühlen, wenn du dich negativ fühlst. Warum würdest du dich für das Negativsein entscheiden? Fühlt es sich gut an, negativ zu sein? Nein, das tut es nicht. Aber warum entscheidest du dich nicht dafür, positiv zu sein?

Nochmal du entscheidest dich dafür, mit deiner Energie über der nach unten ziehenden Umgebung zu bleiben. Entscheide und entscheide und entscheide, dass deine Gefühle größer sind als alles um dich herum.

Es geht nicht darum, überlegen zu sein. Wir sind alle gleich. Wir alle haben Zugang zu der gleichen großen Kraft, die in uns allen steckt. Wir haben mehr Gemeinsamkeiten als Unterschiede.

Du musst das jetzt nicht akzeptieren. Eines Tages wirst du mir vielleicht zustimmen, wenn du erkennst, was ich mit dem oben Gesagten meine.

Du musst auch nicht alles glauben, was oben steht. Du kannst es für dich selbst herausfinden. Du musst es sogar für dich selbst herausfinden, dass all das wahr ist.

Denn nur wenn du es für dich selbst herausfindest, weißt du es.

Und das Wissen kommt aus der Erfahrung, dass du die Energie bist, die Kraft. Doch diese wirkliche Kraft, die du bist, ist sehr unauffällig. Du kannst sie leicht übersehen.

Sie ist so unauffällig, wie es wahre bedingungslose Liebe ist. Das Gleiche gilt zum Beispiel für Wasser. Wasser kann so unaufdringlich und weich sein.

Auf der anderen Seite kann Wasser so kraftvoll und zerstörerisch sein, dass du ihm so schnell wie möglich aus dem Weg gehen möchtest.

Die Energie in dir ist ähnlich wie das Wasser. Aber selbst wenn sie kraftvoll wirkt, kann sie noch viel sanfter sein als Wasser. Hab keine Angst. Du kannst weder dir noch anderen schaden, wenn du dein hoch-energetisches Potenzial liebevoll einsetzt.

Du nutzt es ohnehin, ohne dir dessen bewusst zu sein. Das liegt daran, dass du diese Energie bist. Nimm sie für dich selbst wahr.

Woher nimmst du deine Energie? Aus deinem Inneren, richtig? Könntest du ein bisschen mehr in diese Energie hinein spüren? Und etwas mehr? Und etwas mehr? Und noch mehr?

Was nimmst du wahr? Was auch immer es ist, lass das Gefühl los. Entspanne dich und lass los.

Auf jeden Fall fühlst du dich leichter, wenn du loslässt. Und das leichtere Gefühl zeigt dir, dass du losgelassen hast. Das ist dein Beweis, dass das was du tust funktioniert.

Auch wenn ich mich wiederhole: Als Kind wusstest du instinktiv, wie man loslässt. Das ist eine natürliche Fähigkeit. Während wir erwachsen werden, vergessen wir sie immer mehr.

So stehst du über Umgebungen und Umständen, die dich nach unten ziehen. Aber lass uns zusammenfassen, um den Überblick zu haben:

▶ Indem du dich entscheidest, positiv zu fühlen, kannst du über Umgebungen und Umständen stehen, die dich nach unten ziehen.

▶ Es mag etwas Übung brauchen, um die ganze Zeit positiv zu sein.

▶ Es ist immer deine Entscheidung, welchem Gefühl du folgst oder ob du ein anderes wählst.

▶ du kannst deine Gefühle nur über deine Umgebung oder Umstände erfahren.

▶ Da die Gefühle, die du zu einer Situation hast, nur dir gehören, liegt es an dir, diese Gefühle loszulassen und dich für ein anderes Gefühl zu entscheiden.

▶ du bist die Macht, denn du bist derjenige, der die Entscheidung trifft.

▶ Es geht um bedingungslose Liebe. Für dich selbst und für andere.

▶ Bedingungslose Liebe ist eine unscheinbare, aber extrem mächtige Energie. Du kannst sie nicht denken, du kannst sie nur erleben.

Je weniger du es erzwingst, desto leichter wird es

Heute erwarten wir alle schnelle Ergebnisse. Wenn wir etwas wollen, wollen wir es JETZT! Geduld scheint ein Wort aus vergangenen Zeiten zu sein. Wenn wir nicht sofort bekommen, was wir wollen, verlieren wir das Interesse oder werden wütend.

Keine dieser Reaktionen hilft uns dabei, uns gut zu fühlen. Je mehr du etwas erzwingst, desto mehr fühlt es sich an, als ob du dich von dem entfernst, was du willst. Deshalb erzwingst du die Dinge noch mehr.

Und je mehr du es erzwingst, desto mehr Aufwand musst du betreiben, um zu erreichen, was du willst. Das ist das komplette Gegenteil von dem, wie es wirklich funktioniert.

Je weniger du etwas erzwingst, desto einfacher werden die Dinge. Erzwingen könnte auch bedeuten, dass du dich zwingst, etwas zu tun, was du tun musst, aber nicht gerne tust.

Wenn du die Sache nicht magst, zwingst du dich, sie zu tun und das kostet dich viel Energie. Wenn du dich entscheidest, es zu tun und erlaubst, dass es einfach ist, können die Dinge leichter gelingen, als du denkst. Und wir alle haben Dinge, die wir tun müssen, die wir nicht mögen. Wir müssen sie trotzdem tun. Aber warum sollten wir es uns nicht so einfach wie möglich machen?

Manchmal kann uns unsere Willenskraft im Weg stehen, um Dinge zu erledigen. Willenskraft ist nicht gut und nicht schlecht.

Wir beide müssen uns nur bewusst werden, wie wir unsere Willenskraft einsetzen und in welchem Maße wir sie in etwas stecken. Mehr Willenskraft bedeutet nicht, dass die Dinge besser gelingen.

Abhängig von den Dingen, die du gerne tun oder erreichen möchtest, kann es ausreichen, nur ein bisschen Willenskraft hineinzustecken. Gerade so viel Willenskraft, dass du weitermachen kannst.

Willenskraft kann hier auch eine Entscheidung bedeuten, die du mit voller Entschlossenheit getroffen hast. Du bist entschlossen, dein Ziel zu erreichen.

Dennoch erzwingst du dein Ziel nicht. Ja, ich weiß, das klingt seltsam. Stell dir einfach vor, du willst unbedingt, dass etwas klappt. Das fühlt sich irgendwie gewaltig an und trotzdem ist auch eine gewisse Unsicherheit dabei, es wirklich schaffen zu können.

Wenn du dich entspannst und dich auf das Ergebnis konzentrierst und die Dinge geschehen lässt, dann steckst du viel mehr konzentrierte und höhere Energie in das Ergebnis.

Das kann sich sogar weniger anstrengend anfühlen. Das Gefühl der Ungewissheit/Zweifel, ob du es schaffen kannst, ist irgendwie normal. Es muss aber nicht heißen, dass es so sein muss.

Wenn du das richtige Maß an Entschlossenheit und Energie erreichst, die du in etwas steckst, kommst du eventuell an einen Punkt, an dem du weißt, dass du erreichen wirst, was du willst.

Du kannst nicht erzwingen, dass dir ständig gute Dinge widerfahren. Du musst zulassen, dass dir ständig gute Dinge widerfahren.

Um das zu erreichen, musst du dich nur auf die Dinge konzentrieren, die in deinem Inneren passieren. Deine Gefühle und Gedanken sind die Faktoren, die du beobachten musst.

Warte! Bitte versuche nicht, deine Gefühle und Gedanken in eine bestimmte Richtung zu zwingen. Entscheide!

Sich zu entscheiden ist viel mächtiger, als eine Veränderung zu erzwingen. Entscheidungen werden immer wieder in Sekundenbruchteilen getroffen. Etwas zu einer Veränderung zu zwingen, bedeutet, dauerhaft Energie hineinzustecken, die nicht notwendig ist. Letzteres kann anstrengend sein.

Sei klug – entscheide!

Du könntest tatsächlich Erfolg haben, wenn du viel Energie in das steckst, was du erreichen oder verändern willst. Aber ist das klug? Ich denke nicht.

Je weniger du es erzwingst, desto leichter wird es

Je weniger Energie du brauchst, um etwas zu erreichen, desto besser. Ja, manchmal ist es vielleicht nötig, mehr Energie in etwas zu stecken. Das heißt aber nicht, dass du das ständig tun musst.

Beobachte dich selbst und erkenne, wann du anfängst, Dinge von innen heraus zu erzwingen. Entspanne dich und konzentriere dich auf das Ziel, das du erreichen möchtest.

Dann mach weiter. Tu, was getan werden muss, aber tu es mit und aus Liebe. Wenn du keine Liebe und/oder Freude fühlen kannst, während du etwas tust, lächle einfach und du wirst dich viel besser dabei fühlen.

Erinnere dich daran, dass du dich entscheiden musst. Du kannst entweder lächeln und glücklich sein oder ablehnend sein und dich schlecht fühlen. Aber du kannst nicht beides zur gleichen Zeit tun.

Fassen wir zusammen:

- ▶ Wir alle wollen schnelle Ergebnisse, möglichst sofort.
- ▶ Geduld scheint ein Wort der Vergangenheit zu sein.
- ▶ Wir drängen ständig auf Ergebnisse.
- ▶ Reine Willenskraft einzusetzen ist nicht immer die beste Entscheidung.
- ▶ Sich klar zu entscheiden, kann sogar wirkungsvoller sein, als reine Willenskraft zu nutzen.
- ▶ Willenskraft wird eingesetzt, um dich auf dein Ziel zu konzentrieren und nicht, um die Verwirklichung deines Zieles zu erzwingen.

Wie du bei deiner Entscheidung bleibst, in Hochstimmung zu sein

Du magst dich wundern, aber es braucht deine Entscheidung, um in Hochstimmung zu bleiben. Und es braucht deine Beobachtung, um zu sehen, ob du abweichst.

Solltest du von der Hochstimmung abdriften, musst du dich erneut entscheiden, um dich besser zu fühlen. Es ist also ein kontinuierlicher Prozess der Beobachtung, wo du dich gerade befindest.

Aber warte, das hört sich nach einer Menge Arbeit an. Das mag am Anfang auch so sein. Mit der Zeit gewöhnst du dich daran, dir bewusst zu sein, wie du dich fühlst und kannst dich in die Hochstimmung lenken.

Der Vorgang, um in Hochstimmung zu bleiben, ist ebenfalls einfach. Es braucht nur deine innere Beobachtung und eine Entscheidung. Ich denke, letzteres hast du bereits erwartet.

Ja, es kommt immer auf deine Entscheidung an.

Nur eine kurze Erinnerung. Es geht nicht darum, irgendwelche Gefühle oder Gedanken zu unterdrücken. Erlaube ihnen zu sein. Sie sind nur Energie.

Der Moment, in dem du erkennst, dass du dich über etwas ärgerst oder negativ fühlst, ist der Moment, in dem du dich entscheiden musst, positiv und liebevoll zu sein.

Sicher, du musst die Entscheidung immer wieder wiederholen, aber es ist ein schneller Prozess. Das Entscheiden dauert nur eine Sekunde oder weniger. So kannst du es einfach und schnell tun, so oft wie du es brauchst.

Es reicht, wenn du dich jedes Mal, wenn du erkennst, dass du negativ eingestellt bist, entscheidest, positiv und liebevoll zu sein. Mit der Zeit wirst du präsenter für deine Gefühle und Gedanken, sowie für deine Hochstimmung. Durch Wiederholung werden Dinge gelernt und verbessert.

Um es noch einmal zusammenzufassen:

▶ Das Beobachten deiner Gedanken und Gefühle hilft dir zu erkennen, wenn du von der Hochstimmung abweichst.
▶ Erlaube negativen Gefühlen und Gedanken zu sein was sie sind, Energie die fließt.
▶ Entscheide dich dafür in Hochstimmung zu verbleiben.
▶ Das Geheimnis liegt in der Wiederholung. Entscheide dich immer wieder, bis du die Hochstimmung spürst.
▶ Nutze den Prozess, der im Kapitel „Wie du in 4 einfachen Schritten in den Zustand von Hochstimmung gelangst" ab Seite 59 beschrieben ist.

Wie ein Vertrauenspartner dir helfen kann, deine Energie zu steigern

Manchmal ist es gut, wenn wir jemanden um uns haben, der uns in die richtige Richtung weist. Das gilt auch für das Verweilen in Hochstimmung. Falls wir in negative Energie abrutschen, können andere das meistens früher erkennen, als wir selbst.

Wenn du also jemanden hast, der dich gut kennt und dich darauf hinweisen kann, dass du nicht positiv bist, kann das hilfreich sein.

Dein Partner muss wissen, dass dies nicht dazu benutzt werden soll, dich zu kritisieren, wenn du in die Negativität abdriftest. Das wäre kontraproduktiv. Es geht auch nicht darum, dich zu zwingen, deine Gefühle zu unterdrücken.

Deshalb ist es sinnvoll, jemanden zu finden, der auch gerne in Hochstimmung bleibt. Dann könnt ihr euch gegenseitig daran erinnern, in Hochstimmung zu verweilen.

Außerdem ist es vielleicht keine besonders gute Idee, ein Familienmitglied auszuwählen. Das liegt daran, dass Familienmitgliedern viel mehr Gefühle in uns auslösen können, als dies andere Menschen tun.

Ein sehr guter Freund von dir könnte die beste Wahl für dich sein. Es ist jedoch nicht notwendig, einen Vertrauenspartner zu haben. Das einzige, was erforderlich ist, ist deine Entscheidung und Entschlossenheit.

Ja, es ist wieder deine Entscheidung, die zählt.

Je weniger du es erzwingst, desto leichter wird es

Falls du dich dafür entscheidest, einen Vertrauenspartner zu haben und zu finden, stellst du vielleicht fest, dass es ein bisschen einfacher ist, in Hochstimmung zu bleiben.

Das liegt daran, dass Hochstimmung ansteckend ist. Wenn also zwei oder mehr Menschen mit Hochstimmung oder der Absicht, ihr Energieniveau zu verbessern, zusammenkommen, ist das Anheben des Energieniveaus ein bisschen leichter.

Verstehe mich nicht falsch, es ist nicht unbedingt notwendig, einen Partner zu haben. Du kannst auch alleine in Hochstimmung kommen und dort bleiben.

Manchmal kann es trotzdem sinnvoll sein, einen Partner zu haben. Ich denke, du verstehst, worauf ich hinaus will. Auch wenn du einen Partner hast, müsst ihr nicht voneinander abhängig sein.

Es ist eine lose Bindung. Ihr trefft euch, wenn einer von euch oder beide es brauchen. Und wie du bereits weißt, braucht es nicht viel Zeit, um in Hochstimmung zu gelangen.

Doch wie würdest du das tun, wenn du einen Partner hast? Nun, einer könnte den anderen anleiten, indem er durch den 4-Schritte-Prozess führt.

Es ist wirklich einfach. Soll es noch einfacher werden? Das habe ich mir schon gedacht.

Du könntest einfach Schritt 4 verwenden. Ja, frage den anderen, welches Gefühl er/sie gerne fühlen möchte und frage deinen Partner, ob er/sie sich für dieses Gefühl entscheidet.

Zum Beispiel könnte dein Partner mehr Freude fühlen wollen. Frag deinen Partner, ob er/sie zulassen kann, dass Freude aufkommt? Erlaubst du, dass noch mehr Freude hochkommt? Erlaubst du vielleicht, dass noch mehr Freude hochkommt?

Und so weiter. Dein Partner könnte die Frage mit Ja bestätigen oder nichts sagen und nur beobachten. Beides funktioniert. Natürlich ist das Beantworten besser, falls ihr gemeinsam am Telefon zusammenarbeitet. So weiß jeder von euch, dass der andere noch mitmacht.

Weißt du, was wir jetzt machen? Ja, wir fassen wieder einmal zusammen:

► Ein Partner kann dich daran erinnern, in höherer positiver Energie zu bleiben.
► Wähle einen Partner außerhalb deiner Familie, da Familienmitglieder viel tiefere Gefühle auslösen können als andere.
► Ein Partner kann dir helfen, leichter in positive Hochstimmung zu kommen.
► du brauchst keinen Partner, aber manchmal kann es helfen einen zu haben.

30-Sekunden-Methode, um Überforderung oder jedes andere Gefühl zu überwinden

Es ist gut zu wissen, wie man sich selbst relativ schnell aus einer schlechten Stimmung herausholen kann.

Auch wenn du den Vorgang vielleicht mehrmals wiederholen musst, bis du das Gefühl hast, in Hochstimmung zu sein.

Hier ist eine einfache 30-Sekunden-Methode, die dir hilft, aus einem starken Gefühl herauszukommen:

▶ atme tief ein
▶ atme langsam aus
▶ wiederhole die langsame und tiefe Atmung mindestens zwei weitere Male

Du kannst alles tun, was du willst – aber bitte tu etwas Positives. Auch, wenn du herumspringst oder eine mathematische Gleichung löst. Es hilft dir. Warum?

Weil es dein Denken und Fühlen von der Überforderung oder dem Gefühl, das dich übermannt ablenkt.

Das heißt nicht, dass das überfordernde Gefühl verschwindet. Diese Methode erlaubt dir nur, wieder die Kontrolle zu erlangen.

Wenn du wieder mehr Kontrolle hast, kannst du den einfachen Vier-Schritte-Ablauf anwenden, der zuvor beschrieben wurde.

Die Tiefenatmung hat mehrere positive Effekte. Erstens, hilft sie dir, dich zu beruhigen. Zweitens versorgt sie dich mit mehr Sauerstoff, was ohnehin gut für deinen Körper ist. Drittens lenkt sie deinen Geist von der Sache ab, die dich stört.

Und zu guter Letzt hilft sie dir, das Gefühl loszulassen, da du entspannter wirst.

Wenn du angespannt bist, kannst du ein Gefühl nicht loslassen. Du bist zu sehr damit beschäftigt, es festzuhalten oder zu versuchen, es zu vermeiden. Nur wenn du dich entspannst, kannst du das Gefühl verschwinden lassen.

Wenn du starke Gefühle erlebst, die dich angespannt werden lassen, ist es ähnlich wie bei einem Hund, der außer Kontrolle ist und auf nichts mehr reagiert.

Egal, was du dem Hund zurufst, er bleibt weiterhin unkontrolliert. Aber wenn du den Hund von dem ablenkst, was er gerade tut, kann er sich beruhigen und du hast die Kontrolle.

Das Gleiche passiert mit uns bei Überforderung oder jedem anderen starken Gefühl. Keiner kann dir sagen, dass du dich entspannen sollst.

Dein Verstand ist zu sehr mit der Sache beschäftigt, die die Überforderung verursacht hat. Den Geist auf etwas anderes zu lenken, wie z. B. tief zu atmen, ermöglicht es dir, wieder die Kontrolle zu erlangen.

Wie gesagt, es bringt so viele weitere Vorteile mit sich.

Es kann sogar weniger als 30 Sekunden dauern, das automatische festhalten an dem Gefühl zu überwinden.

Es braucht im Grunde nur eine Sekunde. Der Moment, in dem du einen tiefen Atemzug machst, ist der Moment, in dem du dich entschieden hast, mit der Überforderung fertig zu werden.

Außerdem kann das tiefe Atmen jederzeit in jeder Situation durchgeführt werden. Wahrscheinlich wird es niemand um dich herum bemerken.

Erkennst du hier etwas, worüber wir in den vorangegangenen Kapiteln schon die ganze Zeit gesprochen haben? Ja? Was ist es? Ja, du hast recht. Wieder geht es um deine Entscheidung.

Du entscheidest dich, dich zu beruhigen und deinen Geist in eine andere Richtung zu lenken.

Du siehst, deine Entscheidungen sind ein mächtiges Werkzeug. Eine Entscheidung, die du getroffen hast, wird so lange laufen, bis du dich entscheidest, sie zu löschen oder zu ändern.

Es ist ähnlich wie bei einem Programm auf deinem Computer. Du startest das Programm mit einer Entscheidung und es läuft weiter, bis du das Programm schließt. Es kann im Hintergrund laufen, während du es nicht benutzt.

Das Gleiche gilt für deine Entscheidungen. Entscheide sorgfältig und lösche die Entscheidungen, die du nicht mehr laufen lassen möchtest.

Wie lösche ich alte Entscheidungen? In dem Moment, in dem du dir einer alten Entscheidung bewusst bist, entscheidest du einfach, sie zu löschen. Das ist alles.

Hier ist noch einmal die Zusammenfassung:

▶ Atme tief durch oder tue etwas anderes, um ein starkes, intensives Gefühl zu durchbrechen.
▶ deine Entscheidung macht den Unterschied aus. Du entscheidest dich dafür, ruhig zu sein.
▶ Tiefes Atmen hat mehrere positive Nebeneffekte.
▶ Lösche alte Entscheidungen, indem du dich entscheidest, sie fallen zu lassen.

Hat es eine „Schattenseite" in Hochstimmung zu sein?

Du fragst dich vielleicht, warum es eine Schattenseite haben kann, wenn man sich in Hochstimmung befindet oder sich großartig fühlt. Nun, wir leben in einer Welt der Dualität, daher gibt es immer zwei Seiten einer Medaille.

Während es für dich und die Menschen um dich herum eine tolle Sache ist, sich in Hochstimmung zu befinden und sich großartig zu fühlen, kann es Menschen geben, die das nicht mögen.

Die Kehrseite der Medaille ist, dass manche Menschen nicht mit dir zusammen sein oder bleiben wollen, wenn deine Energie hoch ist. Und das können sogar Menschen aus deiner Familie sein. Wie bereits im Kapitel über die Umwelt erwähnt, versuchen wir jeden um uns herum herunterzuziehen, wenn wir das Gefühl haben, dass sie sich über uns emporheben könnten.

Dies geschieht meist aufgrund einer unterbewussten Gewohnheit, die wir alle haben. Wir alle wollen der Beste sein, der Gewinner. Wir mögen es nicht, wenn wir nicht so gut sind wie andere.

Hat es eine „Schattenseite" in Hochstimmung zu sein?

Das ist nichts Persönliches. Es hat nichts mit dir zu tun. Es ist einfach eine Gewohnheit. Du kannst es in dir selbst sehen, wenn du dich ein wenig beobachtest.

Es ist jedoch keine gute Idee, dein Wohlbefinden und Glück von irgendetwas oder irgendeiner Person abhängig zu machen.

Je mehr du liebst, desto mehr wirst du auch Menschen um dich haben, mit denen du gerne Zeit verbringst und die gerne Zeit mit dir verbringen.

Ein weiterer Nachteil könnte sein, dass du versuchst, jedes negative Gefühl, das du hast, zu ignorieren. Das wird auf lange Sicht nicht funktionieren.

In Hochstimmung zu bleiben, bedeutet nicht, negative Gefühle und Gedanken zu verhindern.

Es ist viel besser, dein höheres Energieniveau zu nutzen, um die negativen Gefühle und Gedanken zuzulassen und sie gehen zu lassen.

Du wirst vielleicht feststellen, wenn du das oben genannte tust, dass deine Energie noch höher wird.

Und wundere dich nicht, wenn dein Leben anfängt, besser oder schlechter zu werden. Wenn es schlechter wird, musst du weitermachen, denn es findet eine Bereinigung statt.

Es ist wie das Aussortieren von alten Sachen. Du verschenkst oder wirfst einfach die Dinge weg, die du nicht mehr brauchst.

Das geschieht auch, während du deine Energie erhöhst.

Und natürlich wird dein Leben irgendwann besser werden, wenn du weitermachst und die in diesem Buch beschriebenen Aufgaben erfüllst. Versprechen kann ich das aber nicht.

Gib niemandem die Schuld, wenn du aufhörst und alles so bleibt wie vorher.

Es ist alles deine Entscheidung. Du wusstest wahrscheinlich schon, dass ich das wieder sagen würde.

Du entscheidest. Entscheide bewusst und in eine Richtung, in die du möchtest, dass sich die Dinge entwickeln sollen.

Hast du jetzt Angst? Das kann ich verstehen. Wir wissen nie, was in unserem Leben passieren wird, wenn wir uns entscheiden, etwas zu tun oder nicht zu tun.

Das Leben selbst ist ungewiss. Nur eine Sache ist sicher – eines Tages wird dein Körper sterben. Alles andere ist ungewiss.

Wir alle versuchen so sehr, unser Leben bestimmter und sicherer zu machen.

Die höchste Gewissheit und Sicherheit, die du jemals haben kannst, findest du in dir selbst. Du musst das jetzt nicht glauben.

Übe die 4 Schritte und finde es für dich selbst heraus. Es könnte noch mehr Nachteile geben, aber mir fällt im Moment keiner ein.

Hat es eine „Schattenseite" in Hochstimmung zu sein?

Die Vorteile überwiegen bei weitem die Nachteile. Dass oben genannte ist das, was dir bewusst sein sollte.

Abgesehen davon, lass uns noch einmal zusammenfassen:

▶ Nicht jeder mag es, wenn du in Hochstimmung bist und dich großartig fühlst.

▶ Wir alle versuchen, andere herunterzuziehen, wenn wir das Gefühl haben, dass sie besser sind als wir. Das ist nichts Persönliches.

▶ Sogar Familienmitglieder wollen vielleicht nicht, dass du dich weiterentwickelst.

▶ Je mehr sich deine Energie in höhere und höhere Energie verschiebt, kann es sein, dass Dinge und/oder Menschen dein Leben verlassen. Es geht nur darum, dein Leben aufzuräumen. Mach weiter, bis es besser wird.

Was nun?

Hoffentlich hat es dir Spaß gemacht, dieses Buch zu lesen und die Übungen auszuprobieren. Was auch immer deine Erfahrungen waren, ich wünsche dir, dass du den Mut und die Ausdauer hast, mit der Anwendung der Übungen in deinem täglichen Leben weiterzumachen.

Um deine Bemühungen aufrechtzuerhalten, könntest du sie zu einer regelmäßigen Gewohnheit machen. Je öfter du die Übungen durchführst, die ich beschrieben habe, desto besser fühlst du dich vielleicht.

Sich besser zu fühlen ist nur der Anfang deiner Reise. Je besser du dich fühlst, je mehr positive Energie du aussendest, desto besser kann dein Leben werden.

Ich kann dir das nicht garantieren. Denn es liegt an dir, das zu tun, was notwendig ist. Ich kann dich nicht dazu bringen, dich besser zu fühlen, ich kann dein Leben nicht für dich verbessern, ich kann dir nur zeigen, wie du es selbst tun kannst.

Was nun?

Allerdings gibt es Dinge, die du für dich selbst tun kannst, damit es für dich funktioniert. Hier sind einige Anregungen:

- ▶ Nimm dir jeden Tag Zeit für dich selbst. Ein paar Minuten können für den Anfang genügen.
- ▶ Beobachte, was du fühlst.
- ▶ Erkenne, ob du versuchst, ein gutes Gefühl/Liebe zu erzwingen.
- ▶ Akzeptiere Liebe für dich selbst.
- ▶ Akzeptiere Liebe und Frieden für alle.
- ▶ Gönne dir hin und wieder etwas Stille oder öfter, wann immer du das Gefühl hast, dass du sie brauchst.

Wenn du mehr Unterstützung benötigst, kannst du dich auf meiner Webseite für eine kostenlose Mitgliedschaft anmelden.

Falls dir das Buch gefällt und es dir geholfen hat, freue ich mich, wenn du dir die Zeit nimmst und eine Rezension dort schreibst, wo du das Buch gekauft hast.

Oder du schickst einen Erfahrungsbericht sowie deine Fragen und Anregungen an: books@s2executivecoaching.com

GRATULATION, dass du dieses Buch gelesen und dich auf eine wunderbare Reise begeben hast.

Ich wünsche dir alles Gute im Leben und viel Liebe.

Herzliche Grüße
Stephan

Danksagungen

Dieser Abschnitt ist dazu da, Danke zu sagen. Danke an all die Menschen, die mich und meinen Weg maßgeblich beeinflusst haben. Das schließt auch dich mit ein. Denn ohne dich, der du dieses Buch liest, würde etwas fehlen.

Natürlich bin ich auch dankbar für die Unterstützung von meinen Verwandten, Freunden und vielen anderen Menschen (dazu gehörst auch wieder du). Ich fühle mich wirklich gesegnet.

Danke auch an das Leben und die Liebe, die es mir ermöglichen, mich auf eine unglaubliche Reise zu begeben, die mich immer wieder neu daran erinnert, wer ich wirklich bin.

Ich bin dankbar für die Möglichkeit, auf dieser Reise zu sein und für jeden, dem ich begegne und jedem der mir bisher geholfen hat. Es waren schon zu viele Menschen, um alle ihre Namen hier aufzulisten.

Also, DANKE, an jeden einzelnen von euch.

Wenn dir **„Fühle dich großartig: Es ist deine Entscheidung!"** gefallen hat, könnte dir auch gefallen ...

Focus Yourself And Get Things Done

Hast du genug von der "Immer-Beschäftigt-Sein-Falle"? Dann könnte dieser Bericht über eine Konzentrationsübung genau das Richtige für dich sein.
Eine einfache, aber wirkungsvolle Methode, um dich auf das zu konzentrieren, was du erreichen willst.

Zur Zeit nur in Englisch erhältlich.

Du kannst ihn kostenlos herunterladen, wenn du Mitglied von www.s2executivecoaching.com bist.

Ein Audio einer geführten Konzentrationsübung ist für Mitglieder ebenfalls verfügbar (nur in Englisch).

Übungsübersicht:

Die Übungen beginnen oder könne auf den unten genannten Seiten gefunden werden.